Lernkrimi Französisch

Bruxelles sans retour

Clara Boyd

compact

Weitere Informationen zu Compact Lernkrimis finden Sie am Ende des Buches und unter www.lernkrimi.de.

Baierbrunner Straße 27, 81379 München
Ausgabe 2015

Chefredaktion: Dr. Matthias Feldbaum
Redaktion: Marie Frey
Fachkorrektur: Marc Blancher
Produktion: Ute Hausleiter
Titelillustration: Karl Knospe
Lernkrimi-Logo: Carsten Abelbeck
Gestaltung: EKH Werbeagentur GbR, textum GmbH
Umschlaggestaltung: EKH Werbeagentur GbR, Hartmut Baier

ISBN 978-3-8174-9792-8
381749792/1

www.compactverlag.de, www.lernkrimi.de, www.facebook.com/lernkrimi

Vorwort

Liebe Leserin, lieber Leser,

sicher zum Lernerfolg – mit Spaß und Spannung! Die Compact Lernkrimis mit ihrer Kombination aus Lektüre und didaktischem Übungsanteil eignen sich hervorragend, um breite Sprachkompetenzen in der Fremdsprache zu erwerben. Der Lerner wird dabei durch die spannende Handlung, das angemessene Sprachniveau und den stetig ansteigenden Schwierigkeitsgrad der Übungen gefördert und motiviert.
Entwickelt nach neuesten Erkenntnissen der Fremdsprachendidaktik, sind Compact Lernkrimis das ideale Medium für einen Lernerfolg im Selbststudium. Durch die kleinen Texteinheiten und den hohen Übungsanteil sind sie aber auch als Unterrichtslektüre bestens geeignet.

So lernen Sie mit Compact Lernkrimis:

- **Mit Begeisterung lernen:** Die packende Krimihandlung motiviert Sie beim Lesen des französischen Originaltextes.
- **Wissen intensivieren und erweitern:** Durch die Kombination aus didaktisierter Lektüre und textbezogenen Übungen testen und trainieren Sie Ihre Sprachkenntnisse effektiv. Vokabelangaben auf jeder Seite unterstützen Sie beim Lesen.
- **Systematisch lernen:** Knüpfen Sie an Ihr individuelles Sprachniveau an und setzen Sie eigene Lernziele – linear im Schwierigkeitsgrad ansteigend oder mit punktuellen Schwerpunkten von Grundwortschatz bis Hörverstehen.
- **Unabhängig sein:** Lernen Sie ganz individuell – wo und wann Sie wollen.

Viel Spaß beim **spannend Französisch lernen**
wünscht Ihnen

Prof. Dr. Christiane Neveling
Didaktik der romanischen Sprachen, Universität Leipzig

Inhalt

Zu diesem Buch

Vor dem Atomium in Brüssel: Der umstrittene Performance- und Provokationskünstler ELY wird am Abend seines sechzigsten Geburtstags von einem Motorrad erfasst und stirbt noch an der Unfallstelle. Die Geburtstagsgäste und ELYs Anhänger sind geschockt. War es ein Unfall oder vielleicht sogar Mord? Immerhin hatte der Künstler nicht nur Bewunderer, sondern auch zahlreiche Kritiker und erhielt regelmäßig Drohbriefe. Hat ELYs provokative Kunst ihn am Ende das Leben gekostet?

1 Accident ou meurtre ?

Il restait à peine dix minutes avant le début officiel de la réception. À plus de 100 mètres d'altitude, le restaurant panoramique de l'Atomium était déjà largement rempli de monde : on y reconnaissait des célébrités du show-business, des professionnels du marché de l'art et même quelques personnalités du monde politique. La vue magnifique sur la ville de Bruxelles **enchantait** les invités. Tous étaient venus dans la capitale belge et s'étaient **mis sur leur trente et un** pour fêter l'anniversaire de l'excentrique et célèbre artiste d'art performance, ELY. Eh oui ! Même les stars vieillissaient. Ce soir, ELY allait **souffler** ses 60 bougies à l'Atomium - mais bizarrement, il n'était toujours pas là.

enchanter	verzaubern
se mettre *irr* sur son trente et un	sich in Schale werfen
souffler	wehen

Exercice 1 : Les nombres ordinaux. **Formulieren Sie die folgenden Grundzahlen als Ordnungszahlen!**

1. 100

2. 31

3. 60

____

4. 89

____

5. 67

____

6. 329

____

« Monsieur Gensac, quand est-ce que ce cher ELY va enfin arriver ? a demandé Oriane de Combes, qui semblait inquiète. D'habitude, ELY n'arrive jamais en retard aux soirées mondaines qu'il organise. C'est lui qui accueille toujours en personne ses invités. Alors pour ses 60 ans, on ne va quand même pas passer toute la soirée sans lui ! »

Cette femme élégante et distinguée semblait impatiente et exaspérée. C'était une galeriste réputée qui, depuis plus de 40 ans, influençait le marché de l'art. Les œuvres d'ELY se vendaient bien, et Oriane de Combes ne manquait sous aucun prétexte les réceptions de son artiste fétiche.

exasperé	aufgebracht, genervt
réputé	bekannt, berühmt
tarder	*hier*: sich verspäten, auf sich warten lassen

« Oriane ! Vous exagérez, comme toujours. Bien sûr que nous n'allons pas passer la soirée sans ELY. Ne vous inquiétez pas ! Il ne va certainement pas tarder. » a répondu Christophe Gensac pour essayer de la calmer.

Exercice 2 : Les noms. Finden Sie für die folgenden Begriffe die Nomen aus derselben Wortfamilie!

1. inquiet ______________________
2. distingué ______________________
3. vendre ______________________
4. artiste ______________________
5. calmer ______________________
6. élégant ______________________
7. passer ______________________
8. arriver ______________________

Mais Gensac, l'agent d'ELY, était surpris lui aussi, et de plus en plus nerveux. Il **supervisait** les derniers préparatifs de la réception, et ELY n'était toujours pas là. Qu'est-ce qu'il pouvait bien fabriquer ?

Et pourtant, la journée s'était bien passée malgré le stress **précédant** habituellement les **veilles** de fête. Dès le matin, ELY avait été d'excellente humeur – la preuve qu'il avait très bien dormi dans sa chambre d'hôtel **bruxelloise** ! Il **se réjouissait** à l'idée de fêter son anniversaire avec tant de monde.

ELY adorait faire la fête.

Avant de partir en début d'après-midi pour l'Atomium, Gensac avait même encore pris un café avec ELY.

superviser	überwachen, überprüfen
précéder	vorhergehen
veille *f*	Vorabend
bruxellois	Brüsseler
se réjouir *irr*	sich freuen

joindre	erreichen
portable *m*	*hier*: Handy
éteindre	ausschalten
se prolonger	sich verlängern

Ils avaient ensuite décidé de se retrouver à l'Atomium vers 18 heures – avant l'arrivée des premiers invités. Et maintenant, il était déjà 20 heures passées. Cela faisait plus de trois heures que Gensac n'avait plus eu de nouvelles d'ELY. Et impossible de le joindre ! Son portable était éteint. Que se passait-il ?

Exercice 3 : Vrai ou faux ? Welche Aussagen sind korrekt? Kreuzen Sie an!

1. Il n'y a encore personne dans le restaurant de l'Atomium. ☐
2. ELY va fêter son anniversaire dans le restaurant de l'Atomium. ☐
3. ELY a invité des amis à une performance dans le restaurant de l'Atomium. ☐
4. ELY n'est pas à l'heure. ☐
5. ELY et Gensac se sont rencontrés avant le début de la fête. ☐
6. ELY adore faire la fête. ☐
7. ELY n'a pas bien dormi. ☐
8. Il est déjà 24 h passées. ☐

Heureusement, la plupart des invités n'avaient pas encore remarqué que l'absence d'ELY se prolongeait. Ils continuaient à discuter, à boire du champagne et à goûter les délicieux

amuse-gueule et petits fours disposés élégamment sur l'immense buffet. L'**insouciance** régnait encore, mais ELY manquait toujours…

Pendant que Christophe Gensac et les invités attendaient ELY dans le restaurant panoramique, celui-ci était rentré d'un rendez-vous d'affaires plus tard que prévu à son hôtel. ELY était en retard pour la réception. Il a renoncé à prendre un bain, et il s'est rapidement changé. Ce n'est qu'après sept heures qu'il a quitté l'hôtel Métropole. Il est monté dans le taxi du jeune Farid, un étudiant en informatique qui se faisait ainsi de l'argent de poche. Si la circulation restait fluide, ELY arriverait avant 20 heures à l'Atomium.

amuse-gueule *m*	Knabberzeug, Appetithäppchen
insouciance *f*	Sorglosigkeit

Dans le rétroviseur, Farid observait son élégant passager, et prenant son courage à deux mains, il a demandé :

« Excusez-moi, mais vous passez de temps en temps à la télé ? J'ai l'impression de vous avoir déjà vu quelque part.

– Ça, je ne peux savoir si vous m'avez déjà vu à la télé », a répondu ELY, légèrement agacé.

En même temps, il était flatté d'être reconnu. Alors il a dit plus gentiment :

« Si vous avez le temps, regardez demain soir l'émission culturelle « Art et Commerce », sur la deuxième chaîne. J'y participerai.

– Ah, cool ! », a répondu le jeune homme, qui ne voyait toujours pas qui pouvait bien être son passager.

Nach *pendant* steht immer *que*, wenn ein Teilsatz eingeleitet wird: *Pendant que nous attendons* – „während wir warten". Vor einem Substantiv mit Artikel steht es jedoch allein: *pendant l'été* – „während des Sommers"

Enfin, ils arrivaient à l'Atomium, il n'était plus qu'à une centaine de mètres. Farid a pris le boulevard du Centenaire et a cherché une place de stationnement juste devant l'entrée de l'Atomium. À quelques mètres de là, se trouvait une grosse moto. Mais ni ELY, ni Farid n'y ont fait attention.

bruyant	laut, lärmend
crissement *m* de pneu	Reifenquietschen

Après avoir payé et pris congé du chauffeur, ELY a ouvert la portière arrière droite et il est descendu du taxi. L'énorme moto que ni l'un ni l'autre n'avaient remarquée, s'est alors élancée droit sur ELY. C'est de plein fouet qu'il a été heurté et violemment projeté à plusieurs mètres de hauteur – avant de retomber lourdement sur l'asphalte. Dans un bruyant crissement de pneus, le motocycliste s'est alors immédiatement enfui à toute vitesse. D'abord incrédules, Farid, tout comme les autres témoins de l'accident sont restés immobiles avant de réagir et d'appeler les secours.

Exercice 4 : Les temps. Formulieren Sie die folgenden Sätze im Passé composé!

1. Les invités attendre ELY.

____

____

2. ELY devoir arriver à huit heures à l'Atomium.

____

____

3. Farid connaître ELY.

4. Farid et ELY ne pas faire attention à la moto.

5. La moto se trouver devant l'Atomium.

6. L'absence d'ELY se prolonger .

7. Le chauffeur ne pas voir qui était son passager.

8. Personne ne remarquer la moto qui arrivait.

Retrouvant enfin ses esprits, Farid est sorti de son taxi et a essayé de venir en aide à ELY. Allongé sur l'asphalte, le pauvre homme[i] essayait de prononcer quelques mots. Mais Farid avait du mal à se concentrer et comprenait difficilement ce qu'ELY voulait dire… Une mare de sang se formait peu à peu derrière la tête d'ELY, puis il a perdu connaissance…

Dès que l'ambulance et la police sont arrivées, l'esplanade de l'Atomium a rapidement été sécurisée. Plus personne ne pouvait y accéder. Le commissaire Alexis Van der Linden était chargé de l'affaire, et il avait immédiatement demandé à la police technique de rassembler le plus d'indices possible.
« Le motocycliste roulait à vive allure. Il roulait même plus vite que ce qui était permis devant l'Atomium. La collision a été d'une violence extrême, et la victime est tombée brutalement sur le bord du trottoir, a raconté un témoin.
– Et après ? Est-ce qu'on a pu apporter de l'aide à la victime ? a demandé le commissaire Van der Linden.
– Eh bien… C'était la première fois que je conduisais une personne célèbre dans mon taxi… C'était ELY ! Vous vous rendez compte ?! Oui, j'ai essayé de lui venir en aide, a répondu le chauffeur de taxi, visiblement traumatisé. Mais tout est allé trop vite… Avant de perdre connaissance, il a juste eu le temps de murmurer quelques mots.
– Et qu'est-ce qu'il a dit ? a demandé Van der Linden, tout à coup très concentré.
– Hum… Ce n'était pas très clair. Quelque chose comme « C'est toi… toile ». Je ne sais plus très bien… Je suis épuisé, je ne me rappelle plus… Je n'ai rien pu faire. C'était ELY…Oh, mon Dieu ! … »

> Das Adjektiv *pauvre* verändert je nach Position seine Bedeutung. Steht es vor dem Substantiv, bedeutet es „arm" im Sinne von „zu bedauern". Steht es nach dem Substantiv, bedeutet es „arm" im finanziellen Sinne.

Le chauffeur de taxi, qui était absolument sous le choc, s'est mis à trembler. Il était à bout de force, et ne pouvait plus répondre à l'interrogatoire.
« Oui, bon ! … Ce sera tout pour l'instant. Merci de laisser vos coordonnées à mon collègue qui va s'occuper de vous. Nous devrons peut-être encore vous interroger. Au revoir ! » a conclu le commissaire.

Exercice 5 : Synonymes. Welche Wörter haben die gleiche Bedeutung?

permettre | interroger qn | s'évanouir | se rappeler | réunir qc | commencer à

1. se mettre à ____________________
2. rassembler qc ____________________
3. perdre connaissance ____________________
4. poser des questions à qn ____________________
5. se souvenir ____________________
6. autoriser ____________________

Dans le restaurant de l'Atomium, les invités étaient sous le choc. Tout le monde était excité et inquiet.
« Quoi ? ELY a été renversé par une moto ? demandaient les uns.
– Mais ce n'est pas possible ! On allait fêter son anniversaire ! » disaient les autres, qui ne se rendaient même pas compte de l'absurdité de leur réaction.

Christophe Gensac ne savait plus où donner de la tête. Les invités affolés lui posaient un tas de questions. Son portable n'arrêtait pas de sonner. Des journalistes – déjà ! – essayaient d'obtenir le plus d'informations possible. Lui-même était troublé et paniqué. Il aurait bien voulu quitter l'Atomium et retourner dans sa chambre d'hôtel pour digérer la nouvelle – et avoir la paix. Mais ce n'était pas possible. La confusion, voire la panique, était extrême parmi les invités. Une fois encore, c'était Christophe Gensac qui devait diriger la suite des évènements. Il a alors toussoté pour s'éclaircir la voix :

ne plus savoir *irr* où donner de la tête	nicht mehr wissen, wo einem der Kopf steht
tas *m*	Haufen
voire	sogar
toussoter	hüsteln
circonstance *f*	Umstand
petit noir *m*	kleiner schwarzer Kaffee, Espresso
antichambre *f*	Vorzimmer

« Chers invités... Les circonstances sont tragiques, vous l'avez compris... Notre réception de ce soir est annulée, certes. Mais je voudrais vous demander de rester encore jusqu'à ce que la police arrive.

– Quoi ?! La police ?! Mais pourquoi donc, Monsieur Gensac ? a demandé Oriane de Combes, exaspérée et offensée à la fois. Je suis vraiment triste et désolée pour ELY. Mais je n'ai rien vu de ce qui s'est passé dehors, et je n'ai absolument rien à raconter à la police. Elle ne va quand même pas m'interroger comme une vulgaire criminelle !

– Je sais bien, chère Oriane. Malheureusement, ce n'est pas moi qui décide. J'espère juste que tout cela ne va pas durer trop longtemps... » a répondu Christophe Gensac le plus calmement possible.

Il ne voulait pas froisser cette femme influente, mais il ne pouvait pas satisfaire à toutes ses exigences.

Quelques minutes plus tard, le commissaire Alexis Van der Linden et ses collègues sont arrivés dans le restaurant panoramique de l'Atomium. Un lourd silence régnait alors dans la grande salle. La nuit allait être longue – mais autrement que prévu…

Deux jours plus tard, à Paris, l'Inspecteur Cliquot a refermé précipitamment son journal, et a fini en vitesse son petit noir. Il s'est alors levé, et est sorti en courant de son bureau. Cliquot était tout excité. Il venait de lire un article qui annonçait la mort du célèbre artiste ELY à Bruxelles.

Exercice 6 : L'imparfait. Lesen Sie weiter und ergänzen Sie die fehlenden Verbformen im Imparfait!

avoir vouloir dire connaitre intéresser avoir

Cliquot ne 1. ______ pas grand-chose ni à l'art classique, ni à l'art contemporain. Il 2. ______ à qui 3. ______ l'entendre qu'il aurait bien envie d'aller plus souvent au musée, mais il n'en 4. ______ pas le temps. En vérité, l'art et les musées ne l' 5. ______ pas. Mais bien sûr, il 6. ______ déjà entendu parler d'ELY, comme tout le monde.

Malgré les vives protestations de la secrétaire dans l'antichambre, Cliquot a réussi à entrer dans le bureau du Préfet :

« Ah ! Cliquot ! Toujours aussi correct ! Qu'est-ce qui vous permet d'entrer sans aucune autorisation ? s'est indigné le Préfet.
– Monsieur le Préfet, il faut que j'aille à Bruxelles. L'accident devant l'Atomium, dont ce fameux ELY a été la victime, présente trop de similitudes avec celui qui a eu lieu la semaine dernière à Paris.

s'indigner	sich empören
similitude *f*	Ähnlichkeit
motard *m*	Motorradfahrer
sèchement	trocken
avancer	vorankommen
accorder	gewähren
homologue *m*	Gegenstück, Pendant

– Qu'est-ce que vous voulez dire, Cliquot ? Vous parlez de l'accident qui a causé la mort du peintre Amaury Sannier ?
– Exactement ! Sannier, ELY… Ça fait[i] un peu beaucoup, non ? Sannier a aussi été renversé par un motard qui a pris la fuite. Et on sait que Sannier avait reçu des menaces de mort. C'est d'ailleurs la raison pour laquelle j'ai commencé une enquête…
– Ça, je le sais. Mais vous n'avez toujours pas de résultats, a sèchement répondu le Préfet.
– Je pourrai en apprendre plus si je pars à Bruxelles, a répondu Cliquot sans protester contre la critique de son supérieur. Pour le moment, je ne sais toujours pas si la mort d'Amaury Sannier est un accident ou un meurtre. Et maintenant, cela m'intéresserait de savoir si quelqu'un a aussi menacé ELY. On a peut-être affaire à un tueur en série ?
– Hum… Mais nos collègues belges enquêtent déjà sur la mort d'ELY.
– Mais justement ! a répondu Cliquot, toujours plus excité. Si les polices belge et française collaborent sur le terrain, on pourra avancer plus rapidement. Et

Die Wendung *ça fait* kommt im Französischen häufig vor und bedeutet nicht immer „das macht". *Ça fait un peu beaucoup* heißt so viel wie „Das ist etwas viel". Ça fait longtemps heißt „Es ist lange her".

puis, mon assistante Nathalie restera sur place à Paris pour m'aider si nécessaire. Pendant ce temps, je conduirai l'enquête avec les collègues belges à Bruxelles. »

Exercice 7 : Combinez. Welche der folgenden Teile gehören zusammen? Ordnen Sie zu!

1. ☐ entrer	a) la fuite
2. ☐ pendant	b) affaire
3. ☐ protester	c) plus
4. ☐ en apprendre	d) ce temps
5. ☐ prendre	e) sans autorisation
6. ☐ avoir	f) contre

En fin d'après-midi, Cliquot descendait du Thalys à la gare de Bruxelles-Midi. Ses supérieurs lui avaient **accordé** 72 heures pour faire avancer son enquête. C'était peu, mais c'était mieux que rien. Son **homologue** belge, le commissaire Alexis Van der Linden, était venu le chercher en personne.
Van der Linden était un peu méfiant, mais surtout curieux. Même à Bruxelles, on avait entendu parler de l'Inspecteur Cliquot, le meilleur homme de la police parisienne. Si Cliquot venait à Bruxelles, c'était parce que l'affaire était importante. Alors il valait mieux coopérer sans discuter.

« Non merci, ce n'est pas nécessaire ! Allons directement à l'Atomium. J'irai plus tard à mon hôtel. Racontez-moi plutôt ce qui s'est passé », a dit Cliquot.

Van der Linden a essayé de résumer l'affaire de la manière la plus détaillée possible.
« Si j'ai bien compris, nous n'avons pour le moment que cette phrase étrange « C"est toi… toile » ?
– Exact… C'est notre première piste, a confirmé Van der Linden.
– ELY a peut-être voulu parler d'un de ses tableaux ?
– Une « toile », vous voulez dire ?
– Oui, c'est bien ça. Pour un artiste, cela me semble logique.
– Certes… Mais vous savez sûrement qu'ELY n'était pas un artiste-peintre. Du moins, depuis quelques années déjà, il ne peignait plus de tableaux. Ses dernières œuvres étaient surtout des installations, des vidéos ou une combinaison des deux. La toile, ça pourrait aussi être un site sur Internet.

ϟ être là-dessus	dran sein (an einer Sache)
passer inaperçu	unbemerkt bleiben

– En êtes-vous sûr ? Vous avez déjà vérifié tout cela ? » a demandé Cliquot, qui était gêné de ne pas savoir tant de choses sur ELY, et encore moins sur Internet.
D'habitude, c'était Nathalie qui s'occupait de ces choses-là. Malheureusement, elle était à Paris, et non pas à Bruxelles.
« Non, pas encore de manière systématique. Mais mon équipe **est là-dessus**. Et puis, je m'intéresse un peu à l'art contemporain. C'est spécial, mais…
– Ah ! Regardez devant nous… Voilà l'Atomium ! » l'a interrompu Cliquot, qui était content d'arriver et qui voulait surtout changer de sujet.
Van der Linden a garé la voiture quelques mètres avant le début de la zone sécurisée. La construction futuriste de l'Atomium en forme de molécule impressionnait Cliquot.
« Quel drôle d'endroit pour commettre un crime ! a-t-il murmuré. Apparemment, le meurtrier ne voulait pas **passer inaperçu**.

Exercice 8 : Mots cachés. In diesem Gitternetz sind vierzehn Adjektive versteckt. Welche sind es?

M	E	B	S	P	É	C	I	A	L
É	X	C	É	T	R	A	N	G	E
F	C	O	N	T	E	N	T	Ê	B
I	I	M	P	O	R	T	A	N	T
A	T	V	M	L	L	I	Y	É	Z
N	É	C	E	S	S	A	I	R	E
T	C	R	O	B	Û	M	N	È	V
Q	E	W	C	U	R	I	E	U	X
I	B	N	E	R	V	E	U	X	T
N	O	R	S	I	P	L	U	T	R
A	B	R	U	T	A	L	S	I	S
M	O	R	J	E	U	X	E	N	I
E	L	L	E	T	R	I	S	T	E
M	A	L	H	E	U	R	E	U	X

– En tout cas, il semblait être très bien informé. Des témoins avaient remarqué le motard.

– Comment ça ?

– Eh bien, regardez là-bas, cette place où se trouve l'entrée de l'Atomium. Les témoins racontent que le motard était stationné

à proximité de la place. Il restait immobile, assis sur sa moto à regarder les gens qui passaient…
– Et il avait gardé son moteur en marche ?
– Possible… Malheureusement, nous n'avons encore rien de bien concret… Il semble juste que ce motocycliste attendait quelque chose ou quelqu'un.
– Vous pensez qu'il était au courant de la réception qui avait lieu dans le restaurant panoramique ?
– Il faut le croire vu que tout le monde a pu le lire dans la presse… Pour l'instant, nous savons juste que la moto était une grosse Harley Davidson.

à proximité de	in der Nähe von
engin *m*	Fahrzeug
maugréer	schimpfen
agaçer	nerven, ärgern

– Un engin puissant qui ne passe pas inaperçu, a ajouté Cliquot.
– Oui, nous attendons l'analyse des caméras de surveillance pour en savoir plus. Ah ! Et encore une chose !
– Quoi donc ?
– Vous venez demain au commissariat, n'est-ce pas ? Sachez que nous avons réussi à contacter la fille d'ELY. Apparemment, Estelle Tellier est l'unique personne qui a un lien familial avec Alain Tellier…
– Alain Tellier ?
– Oui, Alain Tellier. C'est le vrai nom d'ELY… Ces trois lettres majuscules étaient son nom d'artiste. Et il y tenait ! C'était sa signature, son signe de reconnaissance dans le monde entier. Vous savez certainement qu'ELY était un artiste français et qu'il vivait à Paris… Mais il s'y trouvait rarement. Son art ne connaissait pas de frontières, et son public était international.
– Oui, oui ! Je suis au courant, a maugréé Cliquot que les connaissances artistiques de Van der Linden agaçaient de plus en plus. Et sinon, ELY n'était pas marié ?

– Eh bien, si nos informations sont exactes, ELY vivait seul depuis plusieurs années. Estelle Tellier est la seule héritière de la fortune d'ELY. Si elle hérite, elle n'aura plus besoin de travailler.
– Intéressant, intéressant… » a conclu Cliquot qui continuait à inspecter les lieux.

Exercice 9 : Les contraires. Wie lauten die Gegensätze? Ordnen Sie zu!

1. ☐ crier	a) debout
2. ☐ ignorer qc	b) à proximité de
3. ☐ loin de	c) célibataire
4. ☐ être remarqué	d) vague
5. ☐ assis	e) passer inaperçu
6. ☐ majuscule	f) murmurer
7. ☐ exacte	g) être au courant de qc
8. ☐ marié	h) minuscule

2 Qui était ELY ?

La nouvelle du décès d'ELY a fait l'effet d'une bombe. Même deux jours après le drame, l'affaire ELY continuait à faire la une dans la presse belge, mais également dans la presse internationale. Une célébrité au sommet de son succès, violemment renversée par un chauffard, cet évènement sensationnel passionnait les lecteurs. Et surtout, les rumeurs persistaient : s'agissait-il vraiment d'un accident ? Ou était-ce un homicide ? Depuis le début de l'enquête, une seule chose était sûre : Estelle Tellier profitait de la mort d'ELY.

faire *irr* la une	auf Seite eins stehen
au sommet	auf dem Höhepunkt
renverser	*hier*: überfahren
chauffard	Verkehrssünder
Institut *m* médico-légal	gerichtsmedizinisches Institut
imperméable *m*	Regenmantel
intimider qn	jmd. einschüchtern
carrelé	gefliest
aseptisé	keimfrei, steril
drap *m*	Tuch
médecin *m* légiste	Gerichtsmediziner

Après son arrivée à l'aéroport de Bruxelles, Estelle Tellier a tout de suite pris un taxi pour aller à l'Institut médico-légal Saint-Luc de Bruxelles. À la demande du commissaire Van der Linden, elle devait identifier le corps de son père.

Silhouette fine, longs cheveux blonds, Estelle Tellier donnait l'image d'une jeune femme à l'allure moderne et dynamique. Elle portait un imperméable beige qui était visiblement trop grand pour elle, ce qui la rendait encore plus mince. Identifier son père ! Quelle drôle de tâche ! Mais cela ne l'intimidait même pas. Estelle Tellier était une personne qui aimait se battre – et surtout gagner. La peur, elle ne connaissait pas.

Exercice 10 : Corrigez. Lesen Sie weiter und finden Sie die zwölf Fehler im folgenden Abschnitt!

Quand elle est descendu de son taxi, deux hommes attendait devant l'entrée principale de l'Institut médico-légal. L'un d'eux était surement le policier qui l'avait contacté : « Je m'apelle Estelle Tellier. Commissaire Van der Linden ? a demander Estelle Tellier sans hesitation.
- Non, je suis l'Inspecteur Cliquot, de la brigade criminelle de Paris. Voici mon collègue belge, Van der Linden.
- Bonjour, Mademoiselle Tellier, a continué Van der Linden. Merci d'être venus si vite à Bruxelles. Nous sommes vraiement désolés pour votre père...
- Merci. Où est le corps que je dois identifié ? » a répondu Estelle Tellier de manière si décidée que le petit groupe est directement entré dans l'institut, sans autre forme de céremonie.

Les murs blancs carrelés soulignaient le caractère aseptisé de la salle. Au milieu se trouvait une table où était allongé un corps recouvert d'un drap. Après avoir salué les trois arrivants, le médecin légiste a alors soulevé sans un mot le drap qui recouvrait le cadavre.

« Oui, c'est bien mon père. » a dit Estelle Tellier dans un souffle.
La jeune femme a rapidement détourné les yeux du cadavre, mais elle gardait son calme. Aucune larme, aucune émotion, aucun geste de tristesse. Personne ne parlait, on aurait entendu une mouche voler[i]. Estelle Tellier a alors quitté la salle sans un mot, et sans un bruit.

> **Achtung, Homonym!** Das Verb *voler* hat zwei verschiedene Bedeutungen, wird aber in beiden Fällen gleich gebildet. Es kann „stehlen" und „fliegen" bedeuten! Was bedeutet es wohl hier?

Le médecin légiste a alors brisé le silence :
« ELY a été victime d'un traumatisme crânien. Il a succombé à ses blessures provoquées par un choc extrêment violent. Les secours n'ont rien pu faire.
– Et avez-vous trouvé autre chose ? a demandé Cliquot.
– Eh bien, ELY semblait consommer régulièrement de la drogue. Les analyses de sang ont montré que la victime était positive à la cocaïne au moment de mourir. Mais sans aucun doute, ce monsieur était aussi un gros consommateur de cannabis.»

Exercice 11 : Qui a dit quoi ? Verbinden Sie die folgenden Sätze mit den passenden Personen!

1. ☐ « Il consommait de la drogue. »	a) Cliquot
2. ☐ « Nous vous remercions » d'être venue.	b) le médecin légiste
3. ☐ « Y a-t-il d'autres éléments ? »	c) Estelle Tellier
4. ☐ « Je dois identifier mon père. »	d) Van der Linden

Quelle surprise ! Van der Linden et Cliquot se sont regardés sans un mot, mais ils s'étaient compris : ELY était donc un consommateur de drogue ! Enfin un élément nouveau dans cette enquête qui n'avançait pas assez vite. Y avait-il un lien avec son décès ? C'était en tout cas une **piste** à suivre…

briser le silence	die Stille unterbrechen
traumatisme *m* **crânien**	Schädeltrauma
succomber à	erliegen
piste	Spur
dégoût	Missfallen
méfiant	misstrauisch
comptoir	Theke
avoir *irr* **un creux dans l'estomac**	ein Loch im Bauch haben, Kohldampf haben

Les deux policiers ont rejoint Estelle Tellier qui attendait dans le couloir. Van der Linden a invité la jeune femme à le suivre dans une autre salle de l'Institut, qui servait à la fois de cantine et de caféteria :
« Mademoiselle Tellier, nous voudrions vous poser quelques questions. Auriez-vous encore quelques minutes ?
– Vous voulez m'interroger ici ? » a répondu Estelle Tellier, qui ne cachait pas son **dégoût** à l'idée de rester dans la caféteria de l'Institut médico-légal, qui n'était pas assez aérée.

Elle a regardé d'un air **méfiant** le **comptoir** où se trouvaient des friandises, des viennoiseries et des boissons. Boire ou manger dans la caféteria d'un Institut médico-légal ne lui plaisait pas.

« Hum… Ce n'est pas le grand luxe, mais à cette heure-ci, personne ne va nous déranger, a expliqué Van der Linden.
– Et puis, on peut prendre quelque chose à boire ou à manger, a proposé Cliquot qui, comme à son habitude, **avait un creux dans l'estomac**.
– Non, merci. Je ne veux rien, a répondu Estelle Tellier.
– Et vous, Van der Linden ? a demandé Cliquot.

– Non, non, merci, je ne prends rien non plus. Ne perdons pas de temps, a dit Van der Linden en regardant sa montre.

– Bon, comme vous voulez », a dit Cliquot, légèrement vexé. Après l'entretien, il aura bien l'occasion d'acheter discrètement un délicieux cramique[i] ou même un jambon beurre…

> Der **Kramiek** (flämisch cramique) ist eine typisch belgische Spezialität aus den Regionen Flandern, der Wallonie und Brüssel. Es handelt sich um eine Art Brioche mit Rosinen.

Estelle Tellier et les deux policiers se sont assis à une table près d'une fenêtre que la jeune femme a tout de suite ouverte pour faire entrer un peu d'air frais. Malgré le cadre peu agréable, elle restait calme, et semblait surtout décidée à terminer le plus rapidement possible cet interrogatoire improvisé :

Exercice 12 : Traduction. Übersetzen Sie ins Deutsche!

1. Dans la caféteria, l'air n'est pas frais.

____

2. Estelle Tellier a l'air calme.

____

3. Les enfants jouent en plein air.

____

4. Il y a un courant d'air.

____

être *irr* cloué à qc	an etw. gefesselt sein
atroce	furchtbar, schrecklich
sale	*hier*: übel, fies

« Mademoiselle Tellier, vous vivez à Paris ? C'est bien ça ? a commencé Van der Linden.

– Oui, c'est exact.

– Et à Paris, qu'est-ce que vous faites ? Vous travaillez ?

– Eh bien… J'ai fait des études de design, et maintenant j'essaie de faire carrière dans la mode.

– Le soir où votre père a été tué, où étiez-vous ? Pourquoi n'étiez-vous pas présente à la soirée d'anniversaire ? a continué Cliquot.

– Ce soir-là, j'**étais clouée** au lit à cause d'une migraine **atroce**, a répondu la jeune femme. Cela m'arrive parfois, et alors là, je ne peux absolument plus rien faire.

– Cela veut dire que vous aviez l'intention d'aller à Bruxelles pour l'anniversaire d'ELY ?

– Oui, c'est bien ça. Mais à cause de la migraine, j'ai dû annuler mon voyage.

– Vous aviez donc déjà acheté à l'avance votre billet pour Bruxelles ?

– C'est bien cela… Je… J'avais acheté mon billet d'avion pour Bruxelles depuis longtemps, a confirmé Estelle Tellier, qui semblait perdre un peu de son assurance.

– Y avait-il quelqu'un avec vous le soir où a eu lieu l'accident ? a demandé Cliquot.

– Vous demandez si j'ai un alibi, c'est bien ça ?

– Oui, c'est mon métier.

– Je vous l'ai dit : j'étais au lit à cause d'une **sale** migraine, chez moi à Paris. J'étais seule, vous êtes satisfait ? »

Estelle Tellier paraissait exaspérée, mais Cliquot, tout comme Van der Linden, faisait comme s'il ne remarquait rien. Van der Linden a calmement continué l'interrogatoire :

« Pourriez-vous nous parler de votre relation avec votre père ?
– Oui, ça allait.
– C'est tout ce que vous pouvez nous dire ? » a insisté Cliquot.

L'Inspecteur Cliquot essayait de faire parler la jeune femme. Mais celle-ci restait obstinément peu loquace et discrète. Par pudeur ? Ou parce qu'elle cachait quelque chose ?

Exercice 13 : Combinez. Ordnen Sie den Begriffen die passende Definition zu!

1. ☐ être cloué	a) vouloir agir
2. ☐ être loquace	b) assister à un évènement
3. ☐ être présent à	c) bien aimer parler
4. ☐ avoir l'intention de faire qc	d) ne pas pouvoir bouger

« Tout était normal entre mon père et moi ! Tout comme entre chaque père et sa fille. Notre relation était ordinaire, a assuré la jeune femme, qui visiblement perdait patience.
– Hum... Votre père était un artiste si célèbre et couronné de succès ! Quel genre d'homme était-il ?
– Oh ! Mon père était un artiste d'art performance. Il aimait surtout provoquer. La provocation, ce n'est pas mon truc. Son art provocateur et souvent scandaleux ne me touche absolument pas. Si vous voulez vraiment en savoir plus sur ce que faisait mon père, adressez-vous plutôt à son agent.
– Christophe Gensac ?

– Oui, Gensac travaille avec mon père depuis des décennies [i]. Il faisait presque partie de la famille… Rien ne pouvait se faire ou se décider sans l'accord de Gensac. Ce monsieur était apparemment la personne la plus importante dans la vie de mon père… »

Kennen Sie die **Zählung der Jahrzehnte, Jahrhunderte und Jahrtausende** im Französischen?
Jahrzehnt: *décennie*
Jahrhundert: *siècle*
Jahrtausend: *millénaire*

Cliquot sentait une certaine déception, voire une frustration dans la réponse d'Estelle Tellier. Il a alors répliqué :
« Sans doute… Mais c'est vous, et non pas Gensac, que votre père a **désignée** comme son unique héritière.
– Oui, en effet… Cela a été une suprise et même un choc pour moi.
– Pourquoi donc ?
– Eh bien, parce que mon mon père ne m'en avait jamais parlé.
– Mademoiselle Tellier, j'aurais encore une question, a ajouté Cliquot. Saviez-vous que votre père consommait de la drogue ?
– De la drogue ? Je n'en sais rien. Mais cela ne m'étonne pas…
– Pourquoi ?
– Eh bien, parce que mon père aimait les sensations fortes, les excès... C'est un peu un cliché, mais mon père correspondait tout à fait à l'image que les gens ont des artistes…
– Et votre père, avait-il des ennemis ? a demandé Van der Linden.
– À vrai dire, je n'avais pas l'habitude de parler de ces choses-là avec mon père. Je ne peux rien vous dire. Je suis désolée. »

loquace	gesprächig
pudeur *f*	Scham
couronné de	gekrönt von
désigner qn	jmd. bestimmen

Après cet interrogatoire dans la caféteria de l'Institut médico-légal, Cliquot et Van der Linden ont rapidement pris congé d'Estelle Tellier. À cause de diverses formalités liées au décès de son père à Bruxelles, elle était obligée de séjourner encore quelques jours dans la capitale belge – ce qui arrangeait les deux policiers.

Exercice 14 : Mots croisés. Übersetzen Sie die Wörter und lösen Sie das Kreuzworträtsel!

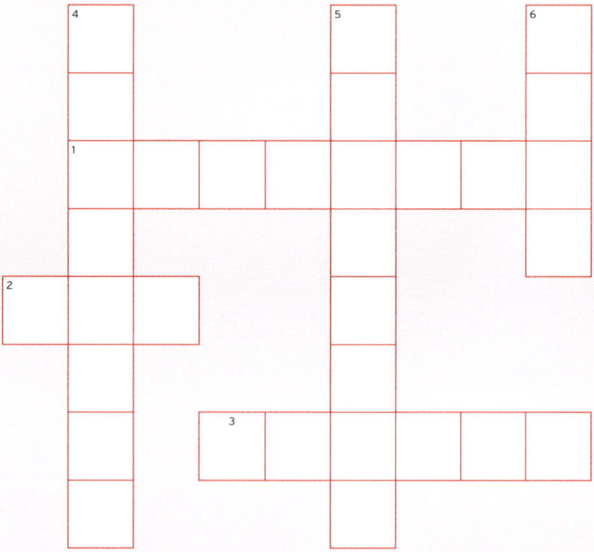

Horizontalement

1. Beziehung
2. Kunst
3. Einverständnis

Verticalement

4. Überraschung
5. Geduld
6. Leute

Pour eux, il était évident que la jeune femme ne jouait pas franc-jeu : elle ne semblait pas avoir un lien très étroit avec son père. On pourrait même dire qu'elle avait gardé ses distances. Et apparemment, elle n'aimait pas Gensac. Mais pourquoi ? Ignorait-elle vraiment qu'elle allait hériter de la fortune d'ELY ? Disait-elle la vérité ? Est-ce que l'appât du gain aurait été une raison pour tuer son propre père ? Quant à Cliquot, il était convaincu que la migraine de la jeune femme était un mensonge. Estelle Tellier cachait quelque chose. Mais quoi ? Pourquoi n'était-elle pas venue à la fête d'anniversaire de son père ? Avait-elle vraiment acheté un billet d'avion pour partir à Bruxelles ?

prendre *irr* congé de qn	sich von jmd. verabschieden
jouer franc-jeu	mit offenen Karten spielen
étroit	beschränkt
appât *m* du gain	Habgier
déposition *f*	Zeugenaussage

Tant[i] de questions encore sans réponses… Après l'entretien avec Estelle Tellier, Cliquot a décidé de contacter Nathalie pour lui demander de vérifier le plus vite possible la déposition de la fille d'ELY – et surtout ce qu'elle avait fait le soir de l'accident. Il s'agissait d'une piste sérieuse dans l'affaire ELY – même si Cliquot n'avait toujours pas trouvé de lien avec la mort du peintre Amaury Sannier à Paris.

Pendant que Nathalie s'occupait de la piste parisienne, l'Inspecteur Cliquot et Van der Linden avaient réussi à organiser une rencontre avec Christophe Gensac. L'agent

Das Wörtchen *tant* kommt in verschiedenen Zusammenhängen vor: Steht es allein, wie hier, bedeutet es „so viel/viele". In der Wendung *tant pis* heißt es so viel wie „was soll's/sei's drum". *Tant que* bedeutet „sowohl als auch": *tant hommes que femmes* („sowohl Männer als auch Frauen"). *Tant s'en faut* wird mit „ganz im Gegenteil" übersetzt.

artistique restait la personne idéale pour rassembler des informations concrètes sur le passé artistique et privé d'ELY.

Ça rapporte !	Das macht sich bezahlt! Das bringt was ein!
feuilleter	durchblättern
d'ici demain	(von jetzt) bis morgen
interloqué	fassungslos
prononcé	ausgesprochen
se précipiter vers	eilen zu, eilig zugehen auf
tout exprès	extra
contrarié	gegensätzlich

« Gensac préfère nous recevoir à son hôtel. Il nous attend demain matin, à l'hôtel Métropole. C'est un palace classé monument historique. Figurez-vous que je vis depuis une éternité à Bruxelles, et que je n'y ai encore jamais mis les pieds.
– L'hôtel Métropole ! Quel luxe ! Eh bien, la vie d'artiste, ça rapporte ! a ironiquement répondu Cliquot.
– Eh oui ! Nous avons vraisemblablement choisi la mauvaise profession, Cliquot. Mais l'affaire ELY nous permet de nous familiariser avec le monde des artistes. Regardez, avant notre entretien avec Gensac, nous allons chacun de notre côté jeter un coup d'œil sur ça, a dit Van der Linden en donnant un gros livre illustré à Cliquot. »
L'inspecteur l'a feuilleté rapidement pour essayer de comprendre de quoi il s'agissait.

Exercice 15 : Le bon choix. Lesen Sie weiter und unterstreichen Sie die richtige Variante!

« Mes **1.** collèges / collègues ont fait une petite **2.** recherche / récherche sur Internet, et ils ont essayé de rassembler toutes les **3.** œuvres / œvres d'ELY **4.** dans / d'un ce catalogue, a continué Van der Linden.

- Mais c'est **5.** énorme / enorme ! Il y a plus de 400 pages. Je n'aurai jamais le temps de regarder tout cela **d'ici demain** ! s'est **6.** exclamée / exclamé Cliquot, **interloqué.**
- Eh bien, ELY était quelqu'un de très **7.** productif / productive. Et je trouve qu'il a **8.** creé / créé pas mal de choses **9.** originelles / originales et intéressantes... Cela nous aidera peut-être pour notre enquête.On ne sait jamais...
- Hum... Ça, c'est vous qui le dites, a **10.** marmonné / marmoné Cliquot, qui n'avait pas un goût **prononcé** pour l'art, surtout s'il s'agissait d'art contemporain.
- Bon, on se retrouve demain à huit **11.** heures / heure devant le Métropole. Bonne soirée, Cliquot ! »

L'immense hall de l'hôtel Métropole transportait les visiteurs à la fin du 19e siècle. Le style élégant et raffiné du décor était un plaisir pour les yeux. Malheureusement, ni Van der Linden ni Cliquot n'étaient venus pour faire du tourisme.
Depuis un bon moment déjà, Christophe Gensac attendait les deux policiers. Il s'est alors précipité vers eux pour les saluer :
« Bonjour Monsieur Gensac. Voici l'Inspecteur Cliquot, un collègue venu tout exprès de Paris.
– De Paris ? Pourquoi ça ? Cela veut-il dire que je vais encore devoir rester bloqué à Bruxelles ? a demandé Gensac, visiblement contrarié.
– C'est ce qu'on va voir, a répondu Van der Linden, qui a essayé

de le calmer. Dites-nous plutôt où nous pouvons nous installer pour discuter tranquillement ? »

Les deux policiers ont suivi Gensac, qui s'est dirigé vers l'espace réservé aux hommes d'affaires. Les trois hommes ont pris place dans de confortables fauteuils en cuir. À peine assis, Gensac a tout de suite repris la parole :

conviction *f*	Überzeugung
rectifier	richtigstellen
éphémère	vergänglich, flüchtig
impliquer	bedeuten, auf etw. hinweisen

« Alors, où en est votre enquête ? Avez-vous trouvé un suspect ? Ou au moins quelques indices qui ont fait avancer les choses ?
– Oui, oui, l'enquête avance, a répondu Van der Linden sans grande conviction.
– Disons que grâce à mon aide, nous commençons à mieux connaître la personnalité d'ELY, a rectifié Cliquot. J'essaie aussi de trouver un lien avec ce qui s'est passé la semaine dernière à Paris. Avez-vous entendu parler d'Amaury Sannier ? Il a été renversé par une voiture, la semaine dernière à Paris. »
Gensac avait bien sûr entendu parler d'Amaury Sannier. Mais cet artiste-peintre ne faisait pas partie des proches d'ELY.
« Sannier était uniquement[i] peintre, a expliqué Gensac. La peinture, ce n'était pas le domaine d'ELY. Ou du moins, il a très vite arrêté de peindre.
– Il s'est alors consacré aux installations vidéo ? a demandé Van der Linden, qui voulait montrer qu'il s'intéressait à l'art.
– Oui, la vidéo ; les installations éphémères qui impliquaient aussi le public sont devenues sa passion… ELY aimait le mouvement, il préfé-

> Das Adverb *uniquement* bedeutet dasselbe wie *seulement* und könnte hier auch ersetzt werden: „Sannier était seulement peintre."

rait ce qui était vivant ! Il voulait faire bouger les frontières de l'art et de la société. Grâce à son art, ELY a contribué à critiquer notre société de consommation, et même à briser les tabous... »

Exercice 16 : Démêlez les mots. **Bringen Sie die Buchstaben in die richtige Reihenfolge!**

1. turmeiso ______________________
2. slpaiir ______________________
3. pèsexr ______________________
4. ufteilau ______________________
5. odévi ______________________
6. tra ______________________
7. lastaniloni ______________________
8. obuat ______________________

Les explications de Gensac rendaient Cliquot sceptique. Apparemment, l'art d'ELY n'était pas consensuel. Briser les tabous n'était certainement pas resté sans conséquence pour l'artiste.

« ELY avait-il des ennemis ? a demandé Cliquot.

– L'art d'ELY était polémique, vous l'avez compris. Et il y avait bien sûr des gens qui

contribuer à	beitragen zu
société *f* de consommation	Konsumgesellschaft
briser les tabous	Tabus brechen
sceptique	skeptisch
consensuel	unumstritten

n'aimaient pas ce qu'ELY faisait. Certains s'en prenaient même personnellement à ELY.
– Comment cela ? ELY avait-il déjà été victime d'agression physique ?
– Eh bien… On a déjà trouvé des graffiti hostiles à ELY sur les murs de son immeuble, ou des gens ont parfois lancé des œufs sur sa voiture. Mais rien de bien méchant… Par contre, ELY recevait régulièrement des lettres d'insultes, ou même de menaces. Il s'agissait souvent de personnes qui lui reprochaient d'encourager le vice, la violence ou encore l'homosexualité… »

Exercice 17 : Spirale de mots. Übersetzen Sie die gesuchten Begriffe und füllen Sie die Wortspirale!

1	2	3	4	5	6	7
22	23	24	25	26	27	8
21	36	37	38	39	28	9
20	35	42	41	40	29	10
19	34	33	32	31	30	11
18	17	16	15	14	13	12

1-7: la profession d'ELY
7-13: Cliquot a souvent un creux dans l'...
13-22: On a entendu un ... de pneus.
22-28: synonyme de toile
28-37: synonyme de seulement
37-42: Farid est le seul ...

Pour l'Inspecteur Cliquot, l'affaire prenait une tournure intéressante. Tout comme Amaury Sannier, ELY avait été menacé. Cela **renforcait** la thèse de l'**homicide**. Il fallait maintenant trouver, parmi les gens qui critiquaient ELY, ceux qui étaient éventuellement assez fanatiques pour vouloir le tuer.

s'en prendre à qn	jmd. angreifen
lettre *f* d'insulte	beleidigende Briefe
reprocher qn	jmd. beschuldigen, jmd. Vorwürfe machen
vice *f*	Laster
renforcer	verstärken
homicide	Mord
rapport *m*	*hier*: Zusammenhang
être *irr* en bons termes avec ses pairs	ein gutes Verhältnis zu seinesgleichen haben
vital	lebenswichtig
coup	*hier*: Trick

« Et dans le milieu artistique professionnel, quels étaient les **rapports** des autres artistes avec ELY ? a demandé Van der Linden.

– Qu'est-ce que vous voulez dire ?

– Eh bien, ELY **était**-il **en bons termes** avec ses **pairs** ?

– Vous savez, dans le monde artistique, la concurrence est rude. Tous les artistes doivent faire connaître leurs œuvres. Pour eux, il est **vital** de se produire dans une galerie prestigieuse, ou dans un musée qui a une renommée internationale.

– Cela signifie que tous les **coups** sont permis ? a suggéré Cliquot.

– Cela signifie qu'il faut avoir les bons contacts au bon moment. Quand vous êtes artiste, il faut vous battre contre vos concurrents pour pouvoir organiser une exposition dans une importante galerie de Bâle, de New York ou d'une autre ville stratégique pour les artistes. ELY, par exemple, a réussi au début de l'année à présenter une rétrospective de ses 40 années de carrière au Centre d'art contemporain de Bruxelles. D'ailleurs, vous pouvez encore aller voir cette rétrospective, elle a été prolongée jusqu'à la fin de l'année…

> Die **feststehende Wendung** *pas que je sache* bedeutet „nicht, dass ich wüsste" und steht immer im **Subjonctif.**

– ELY semble beaucoup aimer Bruxelles. Y a-t-il une raison particulière à cela ? a remarqué Cliquot.
–Euh… Bruxelles est au cœur de l'Europe, un public international y est présent. Et c'est une ville agréable qu'ELY appréciait. C'est tout. » a répondu Gensac en rougissant légèrement.

Exercice 18 : Supprimez l'intrus. Unterstreichen Sie die nicht in die Reihe passende Verbform!

1. rendait rendions rendais rendrais
2. font faut fallait faudra
3. prenait pris pu prendra
4. suis été eu était
5. répondait répondu répondera répondons
6. suit suivait suis suivé

Cliquot a tout de suite noté que cette question mettait Christophe Gensac visiblement mal à l'aise. Quel était le rôle de Bruxelles dans cette affaire ? Y avait-il des choses dont Gensac ne voulait pas parler ?

« Encore une chose ! Saviez-vous qu'Estelle Tellier allait être l'unique héritière d'ELY ? a demandé Van der Linden.
– Non, j'avoue que j'ai été réellement surpris d'apprendre cette

nouvelle dans la presse. Depuis la mort de sa femme, il y a plus de 20 ans, ELY n'avait plus aucun contact avec sa fille. Je n'aurais jamais cru qu'elle allait hériter de la fortune de son père.

prolonger	verlängern
rougir	erröten, rot werden
royalement	*hier*: völlig
majorité *f*	Volljährigkeit

– Vous voulez dire qu'ELY et sa fille ne s'entendaient pas ?
– Ils s'ignoraient même **royalement** ! Dès l'âge de 16 ans, Estelle a commencé à gagner de l'argent. Et à partir de sa **majorité**, elle a refusé l'aide financière de son père. Elle ne voulait rien lui devoir.
– ELY a-t-il invité sa fille à sa fête d'anniversaire à l'Atomium ? a voulu savoir Cliquot.
– Non, pas que je sache.ⓘ En tout cas, elle n'était pas sur la liste des invités que j'ai préparée avec ELY. De toute façon, même si ELY avait invité Estelle, elle aurait refusé de venir. »

3 Quand on cherche, on trouve

Pendant que Cliquot enquêtait à Bruxelles, son assistante, Nathalie Claudel, était restée à Paris. Pour faire un premier point sur l'affaire, l'inspecteur a appelé son assistante :

« Merci pour toutes ces infos ! Et comment procéder, maintenant ? a demandé Nathalie.

– Commencez donc par inspecter le domicile d'ELY.

– Le domicile d'ELY ?! Mais je n'ai pas le droit d'y aller toute seule. Il faudrait faire une demande officielle ! N'oubliez pas que c'est le domicile de la victime ! On ne peut pas y entrer comme dans un moulin ! s'est exclamée Nathalie.

– Écoutez, si nous attendons que nos supérieurs nous donnent l'autorisation officielle, cela va encore durer une éternité.

– Hm...

– Nous devons agir rapidement. Le Préfet ne m'a accordé que 72 heures pour le moment...Bon, vous savez où trouver le passe-partout dans mon bureau, n'est-ce pas ? Tout va bien se passer, ayez confiance.

– Et si ça se passe mal ?

– Eh bien...J'assumerai la responsabilité de cette... hum... initiative. Ne vous inquiétez pas ! »

éternité *f*	Ewigkeit
assumer	*hier*: auf sich nehmen
craintif	ängstlich
escalier *m* en colimaçon	Wendeltreppe
s'aménager	sich einrichten
amplificateur *m*	Verstärker
aligner	aneinanderreihen

Exercice 19 : Traduction. **Lesen Sie weiter und übersetzen Sie!**

À la fois 1. neugierig ______________ et **craintive**, Nathalie est alors allée au 2. Wohnsitz ______________ parisien d'ELY, situé dans un élégant immeuble sur l'Île Saint-Louis.

L'immense appartement de l'artiste ne laissait pas Nathalie 3. gleichgültig ______________. Les pièces n'étaient 4. getrennt ______________ par aucune porte, ce qui rendait l'appartement encore plus 5. geräumig ______________. Elle aussi aurait bien aimé habiter dans un duplex de plus de 200 mètres carré si 6. hell ______________.

Dans la partie supérieure, qui était reliée au reste de l'appartement par un petit **escalier en colimaçon**, ELY **s'était aménagé** un 7. riesig ______________ atelier. Des projecteurs, des microphones et des **amplificateurs** étaient **alignés** le long des 8. Wände ______________. Par terre, il y avait des câbles multicolores, du matériel électronique, des caméras de différentes 9. Größen ______________ ou encore des 10. Zubehör ______________ (Plural). C'était donc là que l'artiste trouvait l'inspiration et donnait naissance à ses créations.

Nathalie est d'abord redescendue dans l'appartement. Apparemment, ELY aimait les meubles de verre design. Il avait sûrement fait appel à des décorateurs professionnels pour meubler et décorer son appartement. Les couleurs et les formes très modernes allaient parfaitement ensemble. Nathalie ne trouvait pas cela forcément beau – c'était trop froid et excentrique à son goût. Cependant, elle devait avouer que l'appartement d'ELY avait un certain caractère. Mais surtout, et cela l'étonnait, l'appartement était vraiment bien rangé, pour ne pas dire trop bien rangé – comme si personne n'y habitait vraiment…

faire *irr* appel à qn	jmd. beauftragen
forcément	zwangsläufig
cependant	allerdings, jedoch
attendrie	gerührt
classeur	Ordner
éplucher	*hier*: unter die Lupe nehmen

Sur une des étagères du salon, Nathalie a remarqué une photo ancienne d'un jeune couple. Il s'agissait sûrement d'ELY et de sa femme. Entre eux se trouvait une fillette d'environ six ans, elle donnait la main à ses parents, et souriait, le regard tourné vers l'objectif. « Une photo de famille qui date des jours heureux », s'est dit Nathalie, attendrie.

Mais dans l'appartement actuel d'ELY, il n'y avait aucune trace d'une quelconque vie familiale – pas une seule trace qui indiquait la présence d'une femme. En fouillant la salle de bains d'ELY, Nathalie n'y a trouvé qu'une seule brosse à dents. Il n'y avait aucun produit cosmétique féminin. Et dans la chambre à coucher, rien ne signalait non plus l'existence d'une compagne. Personne ne partageait la vie de l'artiste. Avant sa mort, ELY vivait seul. Ou du moins, il vivait seul à Paris, a conclu Nathalie.

Exercice 20 : Vrai ou faux ? Welche Aussagen sind korrekt? Kreuzen Sie an!

1. ELY a lui-même décoré son appartement. ❐
2. L'appartement d'ELY ne plaît pas vraiment à Nathalie. ❐
3. Il y a du désordre chez ELY. ❐
4. À Paris, ELY ne vit plus avec sa famille. ❐

La jeune femme a continué son inspection, et s'est avancée vers l'espace qui devait servir de bureau à ELY. Les grandes fenêtres donnaient sur la cathédrale Notre-Dame. Que c'était beau ! Malheureusement, Nathalie n'était pas là pour rêver et admirer la vue magnifique. Elle devait trouver des informations qui puissent faire avancer l'enquête !

Les armoires métalliques situées derrière le bureau en verre étaient remplies de classeurs, rangés dans un ordre chronologique. En les feuilletant rapidement, Nathalie a constaté qu'il s'agissait des relevés bancaires d'ELY :
« Il faudra emporter tous ces classeurs pour que je les épluche[i] soigneusement. Espérons que les finances d'ELY nous donneront des indications intéressantes… » s'est dit Nathalie.

> Hätten Sie erkannt, dass das Verb *éplucher* hier im Subjonctif steht? Der Verbform in der 1. Person Singular sieht man es nicht an, aber wenn man gelernt hat, dass die Wendung *pour que* („damit") den Subjonctif erfordert, weiß man es. Anders verhält es sich mit Verben, deren Subjonctif vom Indikativ deutlich abweicht (*pour que je sache, pour que je puisse* etc.)

Exercice 21 : Le subjonctif. Verbinden Sie die Satzteile, die zusammengehören!

1. Il faut que Nathalie
   a) ❒ va dans l'appartement d'ELY.
   b) ❒ aille dans l'appartement d'ELY.
   c) ❒ ailles dans l'appartement d'ELY.

2. Il est important qu'elle
   a) ❒ puisse trouver des informations.
   b) ❒ peut trouver des informations.
   c) ❒ peux trouver des informations.

3. Elle trouve bizarre qu'il
   a) ❒ n'y a pas d'affaires de femme chez ELY.
   b) ❒ n'y aie pas d'affaires de femme chez ELY.
   c) ❒ n'y ait pas d'affaires de femme chez ELY.

4. Nathalie n'est pas sûre
   a) ❒ que les finances d'ELY soient intéressantes.
   b) ❒ que les finances d'ELY sont intéressantes.
   c) ❒ que les finances d'ELY sommes intéressantes.

En continuant de fouiller les différents espaces de rangement, Nathalie a tout à coup découvert plusieurs cartons dans lesquels se trouvaient des liasses de lettres. Elles étaient soigneu-

sement classées par date de réception.
« Selon toute apparence, ELY était un maniaque de l'ordre », a pensé Nathalie, à la fois intriguée et admirative – car un tel ordre serait aussi le bienvenu chez elle…

maniaque *m* de l'ordre	Ordnungsfanatiker
éloge *f*	Lob
constater	feststellen
survoler	überfliegen
élogieux	lobend
haineux	hasserfüllt
trier	sortieren
détracteur *m*	Gegner
s'enthousiasmer	sich begeistern

Parmi ces lettres, Nathalie a lu les éloges d'admirateurs qui faisaient part à ELY de leur enthousiasme ou qui le félicitaient pour la réussite d'une exposition ou d'une œuvre particulière.
« Si je comprends bien, a constaté Nathalie en survolant ces lettres, ELY était, aux yeux de ses fans, un génie. Grâce à son art souvent très explicite, ELY s'engageait contre les conventions archaïques et l'hypocrisie de la société. Cela plaisait à son public ! »

Mais toutes les lettres adressées à ELY n'étaient pas si élogieuses. Dans un carton placé près de son bureau, comme si ELY s'était préparé à y répondre, Nathalie a trouvé des lettres plus critiques, voire violentes et haineuses. ELY avait parfaitement trié les lettres selon leur contenu : un espace de rangement était clairement consacré à ses fans, et un autre à ses détracteurs. Avait-il l'intention d'intégrer les lettres de ses détracteurs dans ses œuvres ? ELY en était bien capable ; cela correspondait à son besoin permanent de provoquer. En tout cas, ELY archivait tout soigneusement ! Cela facilite au moins le travail de la police, s'est enthousiasmée Nathalie.

Nathalie a commencé à lire : « … cet individu qui se fait appeler

ELY n'a pas le droit d'exercer le métier d'artiste ! Cet homme est une honte pour la sociéte ! Faisons interdire le plus vite possible les expositions d'ELY non seulement en France, mais aussi partout dans le monde ! Éliminons-le de la scène artistique. Ou éliminons-le tout simplement… »

Une autre image d'ELY prenait forme : celui-ci était accusé d'être un artiste dépravé, scandaleux et sans morale. Parmi les auteurs de ces lettres pleines de haine et d'injures, un nom revenait souvent, et a attiré l'attention de Nathalie : François Carrère.
Nathalie n'avait-t-elle pas déjà entendu ce nom quelque part ? Un autre artiste ? Ou bien confondait-elle avec une autre affaire ?
« Eh bien, une chose est sûre… ELY n'avait pas que des amis. Et apparemment, ses ennemis ne sont pas tendres avec lui », a murmuré Nathalie.

Exercice 22 : Combinez. Welche Ergänzung gehört zu welchem Verb? Ordnen Sie zu!

1. ☐ faire	a) à répondre à qn
2. ☐ se faire	b) plaisir à qn
3. ☐ se préparer	c) des réponses aux questions
4. ☐ préparer	d) appeler par son nom d'artiste

La perquisition n'a pas été inutile ! Nathalie était très satisfaite des premiers résultats de sa recherche. Cliquot allait certainement être fier d'elle et la féliciter avec un gentil « Très bon tra-

vail, Nathalie ! » ou encore « Félicitations, Nathalie ! »
Cela ferait toujours plaisir… Mais au téléphone, Cliquot ne pensait qu'à une seule chose : l'enquête.

« Ah ! J'avais donc raison, Nathalie ! Ces lettres d'injures confirment tout à fait ma première impression. Il y a bien une analogie avec l'affaire Sannier ! s'est exclamé Cliquot.

exercer	ausüben
honte *f*	Scham
dépravé	pervertiert, verdorben
injure	Beleidigung
confondre qc avec qc	etw mit etw. verwechseln
perquisition *f*	Durchsuchung
inutile	unnütz
s'agir *irr* de faire qc	darum gehen, etw. zu tun
accomplir	abschließen

– Oui, il faut maintenant rassembler des informations sur François Carrère. Qui sait s'il est peut-être notre homme ? a ajouté Nathalie.
– Certes… Mais Sannier, lui, a uniquement reçu des lettres anonymes. François Carrère, François Carrère … » a répété Cliquot, comme s'il essayait de se rappeler quelque chose.

Il s'agissait maintenant de rassembler le plus rapidement possible des informations sur ce François Carrère.
« Nathalie, adressez-vous à André Besson. C'est un excellent collègue dont la spécialité est le crime organisé. D'ailleurs, c'est lui qui dirige ce département. Je suis sûr qu'il pourra vous donner des renseignements sur François Carrère.
– André Besson ?! Crime organisé ? Mais pourquoi ?
– Faites-moi confiance, Nathalie ! Et surtout, faites ce que je vous dis. J'ai une petite idée, et mon collègue Besson va sûrement pouvoir nous aider.
– Hm… » a fait Nathalie, un peu déçue.
Cliquot n'avait fait aucun compliment sur le travail qu'elle avait accompli.

« Et les finances d'ELY ? Je dois m'en occuper ? Ou l'aide de Besson va suffire ? a demandé Nathalie avec ironie.
– Nathalie, vous êtes une assistante expérimentée ! Vous savez bien qu'étudier les finances des victimes est indispensable. Dès que vous avez des informations plus précises, refaites-moi signe. » a conclu Cliquot.

Exercice 23 : Imparfait et plus-que-parfait. Lesen Sie weiter und setzen Sie die Verben in die richtige Zeitform!

Cliquot **1.** être ______________ heureux de la **tournure** que **2.** prendre ______________ l'affaire. Après son entretien avec Christophe Gensac, qui **3.** donner ______________ des informations surprenantes sur Estelle Tellier, l'inspecteur Cliquot **4.** avoir ______________ quelques doutes : et s'il n'y **5.** avoir ______________ aucun lien entre l'affaire Amaury Sannier et l'affaire ELY ? Et si la mort d'ELY **6.** être ______________ tout simplement un drame familial dans lequel Estelle Tellier **7.** jouer ______________ un rôle important ? Ne **8.** falloir ______________-il pas plutôt privilégier cette piste familiale ?
Mais aujourd'hui, cette piste familiale ne **9.** sembler ______________ plus être valable. L'inspecteur était

soulagé que Nathalie ait trouvé chez ELY des lettres de menaces. Amaury Sannier et ELY avaient tous les deux été des artistes dont les œuvres **10.** provoquer ______________ des réactions extrêmes. Un lien **s'esquissait** enfin entre les deux affaires : est-ce que François Carrère **11.** se cacher ______________ derrière les lettres anonymes envoyées à Amaury Sannier ? **12.** Aller ______________-il donner la clé de l'énigme ?

Dans ce cas, Cliquot allait bientôt pouvoir rentrer à Paris. Non pas que Bruxelles ne lui plaisait pas ! Mais Cliquot préférait conduire une enquête à sa manière. Sans l'aide de Van der Linden. Et surtout, Cliquot ne supportait pas cette manie qu'avait le commissaire belge de donner des leçons sur l'art. Cliquot était inspecteur, et d'ailleurs le meilleur de Paris ! Il n'avait pas besoin d'être un spécialiste de l'histoire de l'art…

Après sa perquisition au domicile d'ELY et sa conversation téléphonique avec Cliquot, Nathalie n'a pas réussi à joindre le fameux André Besson. Elle a juste pu laisser un message. Il faudra patienter avant d'obtenir les premières informations. Pendant ce temps, Nathalie a décidé d'étudier les finances d'ELY.

indispensable	unerlässlich
tournure *f*	Wendung
s'esquisser	sich abzeichnen
faciliter	vereinfachen

Tout comme son courrier, ELY tenait bien ses comptes. Encore une fois, cela a **facilité** le travail

de Nathalie. Elle a alors constaté que depuis une dizaine d'années, les revenus annuels d'ELY augmentaient régulièrement. Cela n'était pas si étonnant quand on sait que la renommée d'ELY grandissait – cela allait de pair avec l'augmentation de la valeur de ses œuvres sur le marché de l'art. C'était logique.
Mais ce qui intriguait Nathalie, c'était la fréquence de virements de grosses sommes d'argent – entre 20 000 et 30 000 euros – qu'ELY effectuait à des intervalles plus ou moins réguliers. Et les bénéficiaires de ces virements étaient toujours les mêmes personnes…

Exercice 24 : Démêlez les mots. Enträtseln Sie den Buchstabensalat!

1. Amaury Sannier a reçu des lettres snnamyoe ______________________ .
2. ELY a une grande renmmoée ______________________.
3. Alors ses rvneeus ______________________ sont devenus importants.
4. Mais les vrmntsiee ______________________ fréquents sont étranges.

Nathalie était plongée dans les finances d'ELY quand le téléphone a sonné. C'était Cliquot.

« Nathalie, vous avez du nouveau sur François Carrère ?
– Non, depuis ce matin, Besson n'a pas encore eu le temps de rme contacter. Je suis désolée, a répondu Nathalie un peu aga-

cée par l'impatience de l'inspecteur.
– Bon, tant pis ! Mais j'ai quand même une nouvelle information, a dit Cliquot, visiblement excité.
– Quoi donc ?
– Van der Linden et son équipe ont réussi à exploiter les données trouvées sur le téléphone portable d'ELY.
– Et ?
– Eh bien, ELY semble avoir eu une connaissance de longue date à Bruxelles. La personne qu'il a le plus souvent contactée ici était une certaine Carole Lambert... Ce nom vous dit-il quelque chose ?
– Carole Lambert ?! Carole Lambert ! Mais oui, bien sûr ! Les virements effectués par ELY ! s'est écriée Nathalie. Je suis en train [i] d'étudier les finances d'ELY... Et figurez-vous qu'ELY faisait régulièrement de gros virements au profit de Carole Lambert, mais aussi d'Oriane de Combes.
– Intéressant... Mais cela ne nous dit pas encore si Carole Lambert était un contact privé ou professionnel.
– Ou alors c'est peut-être la compagne d'ELY à Bruxelles ? Ou sa **maîtresse** ?
– Ça, je ne peux pas encore vous le dire. Nous savons seulement que Carole Lambert n'était pas présente le soir de la fête à l'Atomium.
– Ce qui est quand même bi-

revenu *m*	Einkommen
augmenter	ansteigen, sich erhöhen
renommée *f*	Ansehen, Ruf
aller de pair avec qc	mit etw. einhergehen
virement *m*	Überweisung
maîtresse *f*	Geliebte

Die Wendung *être en train de faire qc* ist sehr häufig im Französischen. Mit ihr kann man betonen, dass man (noch immer) dabei ist, etwas zu tun. *Je suis en train d'étudier* heißt also „Ich bin (gerade) dabei, zu studieren“. Wenn eine Sache abgeschlossen ist, kann man das durch die Wendung *venir de faire qc* („ich habe gerade etwas getan...“) ausdrücken.

zarre ! Surtout si cette dame était une connaissance proche d'ELY, a répondu Nathalie.
– Oui, cela m'étonne aussi. Carole Lambert est une citoyenne belge qui habite à Bruxelles… Van der Linden et moi-même, nous allons l'interroger prochainement.

influent	einflussreich
tenir *irr* qn au courant	jmd. auf dem Laufenden halten
effectuer	tätigen
embrouiller	vernebeln, verdunkeln
éclairer	aufklären, erhellen

– Et Oriane de Combes ?
– Van der Linden m'a parlé de cette dame. C'est une galeriste. Il paraît qu'elle est très connue et très influente parmi les artistes.
– Ah ! Mais oui ! Moi aussi, j'ai déjà entendu parler d'elle. On la voit souvent dans les magazines féminins… Et elle était là le soir de la fête à l'Atomium ?
– Oui, contrairement à Carole Lambert, cette Oriane de Combes était invitée à la fête de l'Atomium, et elle y a participé. Van der Linden l'a interrogée comme tous les autres invités, le soir où ELY a été tué… Mais je suis certain que madame de Combes n'a pas parlé de ces virements suspects…
– Alors, vous allez interroger cette dame une nouvelle fois ?
– Oui, cela me semble nécessaire, a confirmé Cliquot.
Je vous tiens au courant. »

Oriane de Combes, Carole Lambert, les virements effectués par ELY… Ces nouveaux éléments embrouillaient plus l'affaire qu'ils ne l'éclairaient.
« Et encore rien sur François Carrère ! Ce n'est pas demain la veille que je rentrerai à Paris », a pensé Cliquot.

4 La double vie d'ELY

Après avoir étudié les comptes d'ELY, Nathalie a voulu approfondir ses recherches sur ceux d'Oriane de Combes, l'une des bénéficiaires des largesses de l'artiste décédé.

L'étude des comptes de la galeriste apportait un élément nouveau à l'enquête – ce que Cliquot était en train de communiquer à son collègue Van der Linden alors qu'ils étaient en route pour interroger Oriane de Combes :
« Alors si je comprends bien, Oriane de Combes n'a pas profité toute seule de l'argent qu'ELY lui envoyait ? a demandé Van der Linden qui essayait d'ordonner toutes les informations.
– Oui, c'est bien cela. À chaque fois qu'elle recevait un virement d'ELY, une partie de cet argent était systématiquement viré sur un autre compte.
– Et qui en était alors le bénéficiaire ?
– C'est là que cela devient intéressant. Avec l'argent qu'elle recevait d'ELY, Oriane de Combes alimentait le compte personnel… Tenez-vous bien… de Paul-Étienne Darcy.
– Paul-Étienne Darcy ?! L'actuel directeur du musée du Lys, l'un des plus anciens et plus grands musées de Paris ! Il était aussi présent à la soirée d'anniversaire. »

approfondir *irr*	vertiefen
largesse *f*	Zuwendung
décédé	verstorben

Encore une fois, les connaissances de Van der Linden sur le

monde artistique impressionnaient Cliquot. L'inspecteur devait bien s'avouer qu'il n'avait encore jamais entendu le nom de Paul-Étienne Darcy avant son enquête sur ELY. Mais bien sûr, il gardera cela pour lui…

Exercice 25 : Questions. Beantworten Sie die Fragen zum Text!

1. De qui est-ce que Nathalie veut aussi étudier les comptes ?

   ____

2. Qu'est-ce que Cliquot apprend à Van der Linden ?

   ____

3. De qui est-ce que Paul-Étienne Darcy recevait de l'argent ?

   ____

4. Qu'est-ce que Cliquot n'avoue pas à Van der Linden ?

   ____

« Exactement ! Et il ne s'agissait pas de dons symboliques…
– Qu'est-ce que vous voulez dire ?
– Eh bien, je veux dire que Darcy **s'enrichit** personnellement… Je ne sais pas encore quel est son rôle dans notre enquête, mais j'espère bien qu'Oriane de Combes nous en dira plus. J'**ai hâte d**'entendre ses explications », a répondu Cliquot.

À la tête d'un vaste réseau international de galeries d'art, Oriane de Combes s'était fait un nom sur le marché de l'art. Elle était présente dans toutes les grandes villes du monde, et avait aussi ouvert une galerie d'art à Bruxelles. C'est donc dans cette galerie située sur le luxueux boulevard de Waterloo que Cliquot et Van der Linden se sont rendus pour l'interroger.

bénéficiaire	Empfänger
s'enrichir *irr*	sich bereichern
avoir *irr* hâte de	es kaum erwarten können, etw. zu tun
vaste	weit
se rendre *irr* à	sich begeben nach/zu
d'une minute à l'autre	unmittelbar
dédain *m*	Geringschätzung, Verachtung
ne pas échapper à qn	jmd. nicht entgehen

« J'attends d'une minute à l'autre l'arrivée de l'agent de Marcia De Moor. Ce rendez-vous d'affaires est essentiel pour moi. Alors soyez rapides, s'il vous plaît », a dit Oriane de Combes en guise d'accueil.

Le dédain et l'impatience de la galeriste n'échappaient pas à Cliquot. Cela la rendait encore plus antipathique à ses yeux, mais il n'a d'abord rien dit.
« Oh ! Vous présentez aussi les œuvres de Marcia De Moor ? » s'est alors exclamé Van der Linden, qui ne cachait pas son admiration.

Cliquot commençait déjà à perdre patience[i] : voilà encore ce Van der Linden qui étale ses connaissances ! Nous ne sommes pas là pour ça…
« Oui, j'ai ce privilège, et je ne voudrais pas perdre mon

> Achtung! Im Gegensatz zum Deutschen steht bei der Wendung „die Geduld verlieren" im Französischen kein Artikel (*perdre patience*).

temps avec la police. Que voulez-vous donc savoir ? J'ai déjà dit tout ce que je savais sur ELY.
– Hm… Je n'en suis pas si sûr, chère Madame ! N'avez-vous pas oublié de nous dire que vous étiez bénéficiaire de virements qu'ELY faisait régulièrement sur votre compte ?

Exercice 26 : Synonymes. Welche Verben haben die gleiche Bedeutung?

avoir hâte | aller à | étaler | devenir riche

1. se rendre à ____________________

2. être pressé ____________________

3. s'enrichir ____________________

4. montrer ____________________

Il y a eu un court silence. Oriane de Combes ne s'attendait visiblement pas à cette question, et a légèrement froncé les sourcils. Mais elle s'est tout de suite reprise :
« Des virements ! Mais bien sûr ! Comme tous les galeristes, je vends ce que j'expose. Certains acheteurs négociaient directement avec ELY, il est donc normal que je reçoive[i] des virements de sa part.
– Hm… Et quel est donc le lien entre les virements d'ELY et ceux que vous effectuiez immédiatement après au profit de Paul-Étienne Darcy ? »

Kennen Sie die Subjonctif-Formen des Verbs *recevoir*?

que je reçoive	*que nous recevions*
que tu reçoives	*que vous receviez*
qu'il/elle reçoive	*qu'ils/qu'elles reçoivent*

Oriane de Combes était visiblement mal à l'aise, mais elle restait maître d'elle-même. Cliquot a alors profité de son silence pour **enchaîner avec** une nouvelle question :

« Qu'est-ce qui vous lie à monsieur Darcy, le directeur du Lys ?

– Je ne suis pas obligée de répondre à cette question…

– Madame de Combes, nous enquêtons sur un meurtre. Si vous refusez de répondre, nous devrons vous **convoquer** au commissariat. Notez qu'aujourd'hui, nous vous avons déjà **épargné** ce **désagrément** en acceptant de faire le déplacement jusqu'à votre galerie. Nous aimerions un peu plus de coopération de votre part… Surtout si vous n'avez rien à cacher », a **insinué** Van der Linden.

La résistance d'Oriane de Combes semblait faiblir et elle a répondu avec hésitation :

– Paul-Étienne est un collègue et un grand ami… Alors quand il a besoin euh… d'aide, je l'aide, voilà. Les amis sont là pour cela.

– Excusez-moi, Madame. Vous n'allez pas me faire croire cela. Faites donc un petit effort, a insisté Cliquot.

– À quoi servait cet argent ? Quel est le lien avec ELY ? Si vous refusez d'être plus coopérative, la **brigade financière** s'occupera de fouiller plus systématiquement dans vos affaires. Et si nos doutes se confirment, cela risque de devenir très **ennuyeux** pour vous », a menacé Van der Linden.

étaler	verbreiten
froncer les sourcils	die Augenbrauen hochziehen
négocier	verhandeln
effectuer	tätigen
enchaîner avec qc	*hier*: mit etw. fortfahren, weitermachen
convoquer qn	jmd. bestellen, kommen lassen
épargner qc à qn	jmd. etw. ersparen
désagrément *m*	Unannehmlichkeit
insinuer	andeuten
brigade *m* financière	Finanzamt
ennuyeux	unangenehm

Exercice 27 : Les adjectifs. Welcher Satz ist korrekt? Kreuzen Sie an!

1. ❐ a) Oriane de Combes n'est pas coopérative.
   ❐ b) Oriane de Combes n'est pas cooperative.

2. ❐ a) ELY est un vieux ami d'Oriane de Combes.
   ❐ b) ELY est un vieil ami d'Oriane de Combes.

3. ❐ a) Cliquot pose une question nouvelle.
   ❐ b) Cliquot pose une nouvelle question.

4. ❐ a) Oriane de Combes trouve la question ennuyante.
   ❐ b) Oriane de Combes trouve la question ennuyeuse.

Ce dernier argument semblait avoir **fait mouche**, Oriane de Combes était enfin prête à **dévoiler** son secret :
« Eh bien… ELY et moi, nous avions conclu un marché avec Darcy. Nous avions décidé d'une certaine somme d'argent pour qu'ELY puisse présenter ses installations au musée du Lys…
– Quelle somme ?
– Une grosse somme… Près d'un demi-million d'euros.
– C'était donc une belle affaire pour Darcy. Et pour vous ? ELY a donc acheté votre silence, n'est-ce pas ?
– Comme je l'ai dit, il s'agissait d'un marché dans lequel chacun y **trouvait son compte**. C'est grâce à mon intervention qu'ELY a fait la connaissance de Darcy. C'est un immense privilège, sa-

chez-le, a dit Oriane de Combes fièrement. Il était donc prévu que je reçoive environ 30 pour cent de la somme globale. Mais aujourd'hui, ELY est mort, et ce marché ne **tient** plus...
– Mais si je ne me trompe pas, le Lys, ce n'est vraiment pas le cadre approprié pour des œuvres contemporaines comme celles d'ELY ? a demandé Cliquot.

faire *irr* **mouche**	sitzen, ins Schwarze treffen
dévoiler	enthüllen
trouver son compte	auf seine Kosten kommen
tenir *irr*	*hier*: gelten
apothéose *f*	Höhepunkt, Krönung
novateur	innovativ, neuartig

– Ah ! Mais l'artiste Jeff Bloom a aussi fait ce genre d'exposition à Versailles ! n'a pu s'empêcher d'intervenir Van der Linden.
– Ne mélangez pas tout, s'il vous plaît ! a répondu Oriane de Combes, visiblement exaspérée. Le musée du Lys aurait été une **apothéose** pour l'œuvre d'ELY. C'était son rêve... Une sorte d'immortalisation de son art. Tout simplement génial, ne trouvez-vous pas ? À côté, votre Jeff Bloom est d'un kitsch ridicule !
– Hm... Le directeur du musée du Lys aurait donc accepté de présenter l'œuvre d'ELY pour s'enrichir personnellement ? » a résumé Cliquot, qui ne voulait pas que l'interrogatoire se transforme en débat sur l'art.
« Hm... Vous pouvez le dire comme cela, si vous voulez... Darcy a d'abord hésité avant d'accepter le projet artistique **novateur** d'ELY. J'ai dû le convaincre de la chance que représentait pour le musée du Lys, et pour lui une telle exposition.
– Et pourquoi Darcy n'était-il pas d'accord ?
– Oh ! Il craignait la réaction d'un public peu habitué à une œuvre provocatrice comme celle d'ELY dans un musée comme celui du Lys.
– Pourquoi a-t-il alors changé d'avis ? Grâce à l'argent qu'ELY lui a promis ? C'est bien ça ?

Exercice 28 : Les accents. Setzen Sie die richtigen Akzente!

1. prete ______________________
2. musee ______________________
3. grace ______________________
4. privilege ______________________
5. a cote ______________________
6. exasperee ______________________
7. s'il vous plait ______________________
8. empecher ______________________
9. devoiler ______________________
10. desagrement ______________________

– Mais non ! Pas uniquement ! ELY a pu discuter plusieurs fois de son projet avec Darcy également et je sais que tous les deux se retrouvaient souvent chez ELY à Bruxelles…

– À Bruxelles ? Pourquoi Bruxelles, et non pas Paris ? ELY et Darcy vivaient pourtant tous les deux à Paris, non ? a demandé Cliquot qui s'étonnait de la place que prenait Bruxelles dans cette affaire.

– Oui, à Bruxelles ! a répété Oriane de Combes, impatiente. Je ne suis encore jamais allée au domicile bruxellois d'ELY. Mais il aimait y recevoir du monde, surtout pour parler affaires. C'est du moins ce qu'ELY me racontait. Demandez aussi à son agent, Christophe Gensac, si cela vous intéresse tellement.

– ELY avait un appartement à Bruxelles ? s'est étonné Cliquot qui était soudain dans une tension extrême. Pourquoi Gensac ne nous en a-t-il pas parlé ?

vaguement	andeutungsweise, ungefähr

– Vous ne saviez pas qu'ELY avait un appartement à Bruxelles ? Eh bien, maintenant vous le savez. Quelle importance ?! » a sèchement répondu Oriane de Combes, vaguement consciente d'en avoir peut-être trop dit.

Exercice 29 : Le bon choix. Lesen Sie weiter und unterstreichen Sie die richtigen Varianten!

Un homme **1.** élégant / élégamment habillé venait d' **2.** entrer / entrée dans la galerie. Il s'agissait certainement du **3.** visite / visiteur qu'Oriane de Combes avait annoncé **4.** devant / avant le début de l'interrogatoire. « Bonjour, cher Antoine ! Je raccompagne ces **5.** messieurs / hommes, et je suis à vous tout de suite », a dit la galeriste en saluant aimablement le nouvel **6.** arrivant / arrivée.

Cliquot et Van der Linden ont **7.** comprises / compris qu'Oriane de Combes les invitait à partir. Mais Cliquot ne s'est pas laissé intimider :

« Madame de Combes, **8.** pouriez / pourriez-vous nous donner l'adresse de l'appartement d'ELY à Bruxelles? »

griffonner	kritzeln
avec hâte	eilig
copieux	reichhaltig
moules-frites *f pl*	Miesmuscheln mit Pommes frites
faire *irr* le point	Bilanz ziehen
système *m* de pots-de-vin	Schmiergeld-affäre

Au lieu de répondre, la galeriste a pris un stylo et a griffonné avec hâte un nom et un numéro de téléphone sur un bout de papier.
« Voici le nom et le numéro de téléphone de Carole Lambert qui en sait certainement plus que moi. Comme je vous l'ai dit, je ne suis encore jamais allée dans cet appartement. Je sais seulement qu'il se trouve dans le quartier d'Uccle… Et à partir de maintenant, je ne répondrai plus à aucune de vos questions. », a dit Oriane de Combes en prenant froidement congé des deux policiers.

Une fois dehors, Cliquot a regardé le papier et a lu les mots griffonnés par Oriane de Combes. Il a réfléchi un instant, puis il a dit à son collègue :
« Écoutez ça, Van der Linden ! Madame de Combes vient de nous donner le nom et le numéro de téléphone de Carole Lambert ! Comme quoi, toutes les pistes mènent à cette mystérieuse dame.
– Eh bien, ça tombe bien ! Elle doit se présenter dans deux heures au commissariat.
– Cela nous laisse le temps d'aller déjeuner, n'est-ce pas ? Connaissez-vous une adresse sympa ?
– Mais Cliquot, vous avez déjà faim ? ! Il n'est même pas midi, s'est étonné Van der Linden.
– Euh… On n'est pas obligé de prendre quelque chose de copieux, a répondu l'inspecteur, un peu gêné.
– Bon, d'accord, je sais où je vais vous emmener pour d'excellentes moules-frites. Et on en profitera pour faire le point », a dit Van der Linden en démarrant la voiture.

Exercice 30 : Mots cachés. In diesem Gitternetz sind zehn Wörter zum Wortfeld „Essen“ versteckt. Welche sind es?

E	N	L	V	K	I	C	H	E	M
M	O	U	L	E	S	O	B	R	I
Y	S	F	A	P	R	P	O	N	T
U	T	N	I	F	R	I	T	E	S
F	A	I	M	R	U	E	I	J	K
O	L	D	É	J	E	U	N	E	R
M	U	O	Q	U	E	X	H	R	Y
M	O	E	L	L	E	U	X	E	P
O	C	A	F	É	T	E	R	I	A
T	C	R	A	M	I	Q	U	E	I
E	N	T	R	E	M	E	T	S	N

Un système de pots-de-vin se cachait donc derrière les affaires de la galeriste – et le directeur du musée du Lys n'était certainement pas le seul directeur de musée qui concluait des affaires louches avec Oriane de Combes. Mais cela faisait-il d'Oriane de Combes une meurtrière ? Et Paul-Étienne Darcy ? Il fallait avouer que ni l'un ni l'autre ne[i] profitait de la mort

Sätze mit „weder noch“ (*ni … ni … ne*) werden anders gebildet als im Deutschen: Im Französischen benötigt die Wendung *ni l'un ni l'autre* noch ein zusätzliches *ne*.

d'ELY. Au contraire ! La disparition de l'artiste signifiait une perte de ressources financières. Il fallait sans doute orienter l'affaire d'une autre manière :

« Mais un artiste… je veux dire un concurrent a peut-être entendu parler des combines d'ELY, qui s'assurait avec tous ces pots-de-vin l'exclusivité d'une galerie ou d'un musée, comme le musée du Lys. Si la combine était connue, ELY ne devait pas avoir beaucoup d'amis parmi ses pairs, a dit Van der Linden.
– Hm… À mon avis, ELY, Darcy et surtout Oriane de Combes ont bien gardé leur secret, a répondu Cliquot en avalant ses frites. Et ELY n'avait aucun intérêt à dévoiler ses projets à ses concurrents. Quant à Oriane de Combes et Paul-Étienne Darcy, ils profitaient des largesses d'ELY. Ils ne voulaient certainement pas y renoncer.
– Et si ELY avait quand même parlé de sa combines à quelqu'un… Et si ce quelqu'un n'avait pas pu tenir sa langue ? Un concurrent qui aurait alors entendu parler de la combine aurait voulu agir contre ELY, a objecté Van der Linden.
– Et si, et si… Alors donnez-moi des preuves, mon cher monsieur Van der Linden, a répliqué Cliquot, énervé. N'oubliez pas que Nathalie s'occupe encore de la piste Estelle Tellier. Je ne serais pas étonné si on découvrait que la fille d'ELY nous a menti en faisant sa déposition.
– Eh bien, espérons que cette piste nous mènera quelque part », a répondu Van der Linden sceptique.

combine *f*	Masche, Trick
parmi ses pairs	unter seinesgleichen
avaler	herunterschlucken
renoncer à qc	etw. ausschlagen
tenir *irr* sa langue	den Mund halten
supplémentaire	zusätzlich

Exercice 31 : Traduction. **Übersetzen Sie !**

1. Verschwinden ______________________
2. Künstler ______________________
3. lügen ______________________
4. Beweis ______________________
5. Konkurrent ______________________
6. Schmiergeld ______________________
7. zugeben ______________________
8. Verlust ______________________

Contrairement à Cliquot, Van der Linden ne s'intéressait pas vraiment au rôle joué par Estelle Tellier dans cette affaire. À ce stade de l'enquête, le commissaire pensait plutôt qu'ELY avait été victime de l'un de ses concurrents. Mais il fallait encore le prouver…

« Écoutez, cher collègue, nous ne devons négliger aucune piste. Nous attendons également[i] des éléments supplémentaires sur François Carrère. Nathalie doit contacter un collègue spécialiste du crime organisé, a expliqué Cliquot.

– Bon, vous avez terminé votre repas ? a brusquement demandé Van der Linden, qui s'impatientait.

– Oui, c'était excellent. Merci pour cette bonne adresse ! a répondu Cliquot avec reconnaissance.

> Merken Sie sich Synonyme, so können Sie sich abwechslungsreich ausdrücken:
> *également = aussi*

– Il est l'heure. On doit y aller. Carole Lambert nous attend au commissariat », a dit Van der Linden en se levant.

réclamer	*hier*: zurückfordern
traiteur *m*	Caterer
champ *m* de bataille	Schlachtfeld
sous-entendu *m*	Anspielung

Carole Lambert était une petite femme assez forte, âgée d'une cinquantaine d'années. Elle semblait très vive et énergique. Ses cheveux gris bien coiffés en chignon lui donnaient un air sévère. Assise à une table, elle répondait aimablement aux questions des deux policiers :
« Eh bien, j'étais la gardienne de la maison d'ELY quand il n'était pas à Bruxelles. J'avais un double des clés… D'ailleurs, je l'ai encore. Personne ne me l'a **réclamé** jusqu'à aujourd'hui…
– Une maison ?! Pas un appartement ?
– Mais oui, une maison ! C'est un ancien hôtel particulier dans le quartier d'Uccle. Un des quartiers les plus chic de Bruxelles, a précisé Carole Lambert avec une certaine fierté.
– Vous étiez donc employée par ELY. C'est pour cela qu'il versait régulièrement de l'argent sur votre compte ?
– Ben, oui ! Je ne travaillais pas gratuitement ! J'avais toujours du boulot. Je m'occupais par exemple d'organiser le passage des agents d'entretien…
– De la femme de ménage, vous voulez dire ?
– Oui, si vous préférez. Je coordonnais tous les travaux, comme la plomberie ou l'électricité dans la maison. Je faisais aussi des achats… Surtout avant les soirées organisées par ELY.
– ELY organisait-il souvent des soirées ? a voulu savoir Cliquot.
– Mais bien sûr ! ELY adorait faire la fête. Il dépensait des fortunes pour s'amuser avec ses amis… Une vraie vie d'artiste ! », a répondu Carole Lambert toujours aussi fière – comme si elle faisait elle-même partie du cercle des artistes privilégiés.

Exercice 32 : Le genre des mots. Setzen Sie die maskuline Form der folgenden Ausdrücke ein!

1. une nouvelle directrice ______________________
2. une belle artiste ______________________
3. une vieille gardienne ______________________
4. elle-même ______________________
5. une femme fière ______________________

« Et quel était exactement votre rôle dans la préparation de ces soirées ? a continué Cliquot.
– Ben… J'organisais les commandes chez le traiteur. Gensac, l'agent d'ELY, s'occupait de… hm… des amusements pour les invités…
– Qu'est-ce que vous voulez dire ?
– Écoutez, moi, je n'ai jamais participé à ces fêtes. Je ne sais pas ce qui s'y passait vraiment. J'ai juste entendu dire que ça ne devait pas être triste.
– Comment ça ?
– Eh bien ! Les amis d'ELY s'amusaient, quoi… Et les lendemains de fête, la maison ressemblait toujours à un champ de bataille, a-t-elle répondu avec un regard plein de sous-entendus.
– Madame Lambert, soyez donc plus précise, a prié Cliquot.
– Écoutez, je ne peux rien vous dire d'autre. Je le répète, je n'ai jamais participé à ces soirées. Mais je suis sûre que Christophe Gensac pourra mieux vous renseigner. »
Gensac avait caché des informations essentielles à la police. Mais Dans quel but ? Qui participait donc à ces soirées dans le

domicile bruxellois d'ELY et que s'y passait-il ? Pourquoi Christophe Gensac avait-il caché cette information, qui semblait pourtant importante, à la police ?

être *irr* absorbé dans qc	in etw. vertieft sein

Exercice 33 : Mots mélangés. Enträtseln Sie den Buchstabensalat!

1. Carole Lambert est ennargdie ______________.
2. Elle était fèrei ______________ de travailler pour ELY.
3. Elle ne participait pas aux éessori ______________ d'ELY.
4. Mais elle taisognra ______________ le buffet.

Cliquot était encore absorbé dans ses pensées quand tout à coup, son portable a sonné. C'était Nathalie :

« Inspecteur, j'ai du nouveau ! Vous aviez raison, François Carrère était bien connu du service de votre collègue André Besson.

– Ah ! Je me disais bien que François Carrère avait été impliqué dans une affaire de crime organisé. Et donc ? a demandé Cliquot qui ne cachait pas son impatience.

– Eh bien… Carrère faisait partie dans sa jeunesse d'un club appelé « Les Anges noirs ». Et savez- vous quelle était l'une des conditions pour devenir membre de ce club ?

– Laissez-moi deviner… Il fallait être motard, n'est-ce pas ?

– Exactement » a confirmé Nathalie avec une grande excitation.

5 La mystérieuse maison d'ELY

La piste qui conduisait à François Carrère se précisait. Grâce aux informations rassemblées par Nathalie, Cliquot réussissait à mieux cerner la personnalité de cet activiste moralisateur, qui dans sa jeunesse avait paradoxalement fréquenté le club très controversé des « Anges noirs ». En effet, à la fin des années 1970, ce club était surtout connu pour ses excès. Et non pas pour son respect de la morale et des **bonnes mœurs**. Bien au contraire ! Les membres de ce club n'hésitaient pas à utiliser la violence pour imposer leurs règles – et un de leur passe-temps favori était les courses de vitesse à moto, qui symbolisaient leur fuite devant une société qu'ils **méprisaient**.

« Alors si je comprends bien, François Carrère se bat contre ELY et veut **défendre** les bonnes mœurs. Mais dans le passé, cela ne l'a pas **empêché d'**être l'auteur d'actes de vandalisme, d'agressions verbales, et même physiques, a commenté Cliquot.
– Eh oui ! C'est exactement ça. Carrère ne **faisait** pas **dans la dentelle**. Son **casier judiciaire** est bien rempli, a précisé Nathalie.
– Et avez-vous réussi à le localiser ? Savez-vous où se trouvait ce

bonnes mœurs *f pl*	gute Sitten
mépriser	verachten
défendre	verteidigen
empêcher qn de faire qc	jmd. davon abhalten, etw. zu tun
faire *irr* dans la dentelle	nicht zimperlich sein
casier *m* judiciaire	Strafregister

monsieur le soir où ELY a été tué ? a continué Cliquot, qui était de plus en plus excité.
– Inspecteur ! Ces deux derniers jours, j'ai passé la majeure[i] partie de mon temps devant l'écran de mon ordinateur ! » s'est exclamée Nathalie, à qui il manquait quelques bonnes heures de sommeil.

faire *irr* durer le suspense	die Spannung in die Länge ziehen
net	glatt, klar, eindeutig

Mais Cliquot ne semblait pas le remarquer.
« Bon ben, quand vous aurez localisé Carrère, refaites-moi signe, a fait Cliquot plus calmement.
– N'oubliez pas qu'il n'y a pas que François Carrère ! Je m'occupe aussi d'Estelle Tellier et d'Amaury Sannier.
– Je le sais bien. Je voulais justement vous demander ce que vous avez trouvé sur ces deux-là.
– Eh bien, j'ai appris quelque chose d'intéressant à propos d'ELY et Sannier, a répondu Nathalie, qui **faisait** volontiers **durer le suspense**.
– Quoi donc ? Nous avons enfin un lien entre ces deux affaires ? a demandé Cliquot, qui avait du mal à cacher son impatience.
– Oui, peut-être. Il est encore trop tôt pour le confirmer, mais il est possible qu'ELY et Amaury Sannier se soient rencontrés à l'École des Beaux-Arts à Paris. En tout cas, leurs noms figurent dans les registres des années 1974 à 1976.
– Ils ont donc fait les mêmes études ?
– Pas tout à fait ! Pendant ses études, Sannier s'est uniquement consacré à la peinture.
– Et ELY ?
– Son parcours est moins **net**. ELY s'était d'abord inscrit dans le département d'expérimentation artistique. Mais il a ensuite

> i: Das Wort *majeure* kommt vom lateinischen Komparativ zu *magnus* (*groß*) und kann synonym zur Wendung *plus grand* verwendet werden.

changé de cursus, et il s'est spécialisé dans les techniques de création qui font appel à plusieurs disciplines.
– Hm... » a marmonné Cliquot, qui comprenait surtout que les deux artistes ne se connaissaient pas forcément.

Exercice 34 : Qui a fait quoi ? Verbinden Sie, was zusammengehört!

1. Nathalie
   a) ❒ a rassemblé des informations sur François Carrère.
   a) ❒ va rassembler des informations sur François Carrère.
   a) ❒ a rencontré François Carrère pour lui demander des informations.

2. François Carrère
   a) ❒ fait toujours partie du club « Les Anges noirs ».
   a) ❒ ne fait plus partie du club « Les Anges noirs ».
   a) ❒ n'a jamais fait partie du club « Les Anges noirs ».

3. ELY
   a) ❒ a rencontré Amaury Sannier à l'École des Beaux-Arts.
   a) ❒ a étudié la peinture à l'École des Beaux-Arts.
   a) ❒ a fait plusieurs cursus à l'École des Beaux-Arts.

4. Amaury Sannier
   a) ❒ a rencontré ELY à l'École des Beaux-Arts.
   a) ❒ a étudié la peinture à l'École des Beaux-Arts.
   a) ❒ fait les mêmes études qu'ELY.

– Malheureusement, il ne reste plus que deux professeurs qui ont connu ELY et Sannier. J'ai déjà parlé avec l'un deux. Grâce aux registres de l'École, il m'a donné des informations sur les cursus de chacun, mais il n'a rien pu me dire sur les relations entre les étudiants de l'époque.
– Quel dommage ! Et l'autre prof ? a continué Cliquot, visiblement déçu.
– Je le rencontre demain. Il s'agit du professeur Fanchon. Espérons qu'il nous en apprendra plus…

avec malice	schelmisch
passer au peigne fin	durchkämmen
pourparler *m*	Verhandlung
ça ne traîne pas	es geht ruck zuck
porter des fruits	Früchte tragen

– Oui ! Demandez-lui surtout les noms d'étudiants qui ont connu ELY ou Sannier. C'est le genre d'infos qui nous manque actuellement.
– Bien, chef ! a répondu Nathalie **avec malice**. Et de votre côté ? Quoi de neuf à Bruxelles ?
– Eh bien, Van der Linden et moi-même, nous allons faire un tour du côté de la maison d'ELY.
– La maison d'ELY ? À Bruxelles ? s'est étonnée Nathalie.
– Eh oui ! Notre artiste semble aimer Bruxelles, et il y possède une maison dont la gardienne vient de nous fournir l'adresse. Nous voulons **passer** cette maison **au peigne fin** », a répondu Cliquot.

Pendant que Cliquot discutait au téléphone avec son assistante, Van der Linden a pris congé de Carole Lambert. Il s'est ensuite immédiatement présenté chez son supérieur hiérarchique pour l'informer de la nécessité de fouiller la maison bruxelloise d'ELY. Pour une fois, les **pourparlers** se sont déroulés rapidement. Il fallait encore attendre la décision officielle du procureur, mais Van der Linden était optimiste.

Exercice 35 : Combinez. Welche Ergänzung gehört zu welchem Verb? Ordnen Sie zu!

1. ☐ dresser	a) au peigne fin
2. ☐ se faire	b) avec malice
3. ☐ obtenir	c) son temps
4. ☐ prendre	d) l'autorisation
5. ☐ répondre	e) un portrait-robot
6. ☐ passer	f) une idée

« On ne peut pas dire que **ça traîne** chez vous », a dit Cliquot en montant dans la voiture de Van der Linden.

L'inspecteur était à la fois étonné et très satisfait de constater que les démarches administratives **portaient** rapidement **leurs fruits** à Bruxelles.

Oh ! Ça ne se passe pas toujours comme cela, a répondu Van der Linden, un peu plus critique. Mais l'affaire ELY fait beaucoup de bruit. Toute ma hiérarchie veut le plus rapidement possible des résultats. Chacun que fouiller cette maison est essentiel pour notre enquête.

– Et vous avez aussi prévu d'envoyer la police scientifique ? a voulu savoir Cliquot.

– Pour le moment, rien n'est prévu. Mais on verra sur place si cela est nécessaire.

– Et à propos de la police scientifique, où en est l'analyse des caméras de surveillance de l'Atomium ? Avez-vous enfin obtenu des résultats ? Si nous n'avons rien d'ici demain soir, je serai malheureusement obligé de quitter Bruxelles sans résultat.

– Hm… Je suis désolé… Toujours rien d'intéressant de ce côté-là. Mais ne vous inquiétez pas, mes hommes s'en chargent… Et occupons-nous maintenant de la maison d'ELY. Regardez, ça doit être cette grande maison, là-bas, à gauche », a conclu Van der Linden en garant la voiture.

Exercice 36 : Le gérondif. **Bilden Sie Sätze mit dem Gérondif !**

1. Elle lit le journal et boit une tasse de thé.

____

____

2. Van der Linden parle et il écrit un texto.

____

____

3. Cliquot travaille souvent quand il mange.

____

____

4. Il est allé à Bruxelles et il a cru qu'il y avait un rapport entre les deux morts.

____

____

Située dans le quartier résidentiel du Prince d'Orange à Bruxelles-Uccle, la maison d'ELY n'impressionnait pas que les passants par son étonnante architecture et sa taille immense, mais aussi Cliquot, et encore plus Van der Linden :

« Admirez cela, Cliquot ! Le style classique de cette **prestigieuse** maison **s'allie** parfaitement **avec** des éléments d'architecture contemporaine. Je ne serais pas étonné que l'architecte…

– Hm… Observez plutôt l'attitude des voisins », a interrompu Cliquot qui n'avait pas envie d'écouter une nouvelle fois un exposé de Van der Linden sur l'architecture ou sur l'histoire de l'art.

garer	parken
prestigieux	*hier*: glanzvoll
s'allier avec qn	*hier*: sich mit etw. verbinden
amène	liebenswürdig
renchérir	auftrumpfen

Van der Linden a alors regardé autour de lui. En effet, sur le trottoir d'en face, trois femmes étaient en train de discuter comme si elles préparaient un mauvais coup. Et en même temps, elles jetaient des coups d'œil peu **amènes** en direction des deux policiers.

« Disparaissez ! Vous n'avez rien à faire ici ! Nous n'avons pas besoin de proxénètes ou de drogués dans notre quartier. Nous sommes des gens respectables ! » a crié l'une des femmes de loin.

Et elle a rapidement disparu dans une maison avoisinante.

« Eh bien, ELY ne semble pas être apprécié par ses voisins, a constaté Cliquot.

– Ça, vous pouvez le dire ! a **renchéri** Van der Linden. Je vais demander à quelques collègues de venir faire une enquête de voisinage. Apparemment, les voisins ont des choses à raconter.

ELY recevait certainement **du beau monde** ici… »

du beau monde	feine Gesellschaft
pénétrer	eintreten
spacieux	geräumig, riesig
baies *f pl* vitrée	Glasfront
accueillant	einladend
canapé *m* d'angle	Ecksofa
encombrer	überladen, zustellen
salle *f* d'eau	Waschraum

Les deux policiers sont alors entrés dans la maison d'ELY. Au rez-de-chaussée, on **pénétrait** dans un grand hall au plafond haut. Ce magnifique hall conduisait à une **spacieuse** salle de réception. Les grandes **baies vitrées** qui donnaient sur un jardin rendaient cette salle lumineuse et **accueillante**. Elle était meublée d'un immense **canapé d'angle** en cuir noir, avec plusieurs fauteuils qui lui étaient assortis. Entre ces meubles se trouvait une grande table basse. ELY semblait avoir privilégié l'espace. Aucune étagère ni aucune télévison n'**encombraient** la grande salle de réception.

Pendant que Van der Linden inspectait le rez-de-chaussée où se trouvaient également une grande cuisine équipée, un vestiaire et une salle de bains, Cliquot était déjà monté à l'étage. Et là, quelle surprise pour l'inspecteur ! Il y avait six belles chambres ayant[i] chacune sa salle de bains ou sa **salle d'eau**.

> Die Partizip-I-Form des Verbs *avoir* ist *ayant*, die des Verbs *être* lautet *étant*. Übersetzt wird diese Form oft mit einer Relativkonstruktion.

« ELY n'avait pourtant pas de famille. Recevait-il donc ici tant de monde ? Et dans quelles circonstances ? Cette maison ressemble presque à un hôtel !» s'est étonné Cliquot.
Chaque chambre avait son style particulier avec ses couleurs assorties, tout était parfaitement bien rangé, presque stérile.

Exercice 37 : Supprimez l'intrus. **Unterstreichen Sie die nicht in die Reihe passenden Wörter!**

1. moderne contemporain avoisinant classique
2. le trottoir la rue le quartier le canapé
3. la salle le lit le fauteuil la table
4. se trouver pénétrer aller dans entrer

Une seule chambre était pourvue d'un dressing, en plus de la salle de bains privée.
« Il s'agit vraisemblablement de la chambre qu'occupait ELY », a pensé Cliquot en ouvrant la porte coulissante de l'immense armoire.
Il n'y avait que des affaires d'homme : des chemises, des vestes, des pantalons et de nombreux accessoires. Mais aucune trace de présence féminine – ni dans la salle de bains, ni dans la chambre à coucher. À Bruxelles aussi, ELY vivait donc seul, sans compagne... Et pourtant, en se trouvant dans le dressing d'ELY, Cliquot avait l'impression que cela n'était pas tout à fait exact.

En regardant de plus près les différents vêtements, il a remarqué un détail important. Il allait sortir quelques chemises accrochées à des cintres quand Van der Linden est entré dans la chambre :
« Je n'ai rien trouvé en bas. D'ailleurs, cette maison fait plutôt penser à un magazine de décoration pour la maison.
– Qu'est-ce qui vous fait dire ça ?

– Eh bien, tout y est d'une propreté clinique. Tout y est parfait ! Même au sous-sol, il y a une salle de jeux, et aussi un sauna et une piscine comme dans une villa hollywoodienne. Cette maison ne semble pas être un vrai lieu de vie… Et de votre côté ? Vous avez trouvé quelque chose ?
– Regardez ça, Van der Linden ! » a répondu Cliquot, qui écoutait distraitement son collègue.
Il tenait bien en évidence les chemises qu'il venait de décrocher. Elles étaient toutes d'un style différent, mais un autre détail avait attiré l'attention de l'inspecteur :

Exercice 38 : Traduction. Lesen Sie weiter und übersetzen Sie!

« Nous nous trouvons selon toute vraisemblance dans la **1.** Schlafzimmer ____________________ d'ELY, et plus précisement dans son **2.** begehbarer Kleiderschrank __________________________.

- Et ? a demandé Van der Linden qui ne comprenait pas où Cliquot voulait en venir.

- Eh bien, toutes les chemises qui se trouvent ici ne sont pas uniquement celles d'ELY.

- Qu'est-ce qui vous fait dire cela ? Y a-t-il plusieurs **3.** Größen __________________ ?

- Oui, il y en a exactement deux. Mais cela **4.** betrifft ____________________ aussi les autres vêtements.

- ELY ne vivait donc pas seul ici ?
- Apparemment non ! Si je ne me trompe pas, ELY n'aurait donc pas eu une **5. Partnerin** ______________, mais un compagnon ! Et encore une fois, c'est un secret qui a été bien **6. gehütet** ______________. Personne ne nous en avait parlé jusqu'ici !

– Cet ELY nous réserve toujours de nouvelles surprises ! a répondu Van der Linden d'un air dubitatif. À mon avis, nous devrions faire surveiller cette maison à partir de maintenant.
– J'allais vous le proposer. Il faudrait poster des policiers en civil. Ils passeront mieux inaperçus dans ce quartier où **tout se voit**, et **tout se sait**.
– Je m'en occupe. En plus de l'enquête de voisinage, deux collègues seront postés à proximité de la maison. Elle restera surveillée 24 heures sur 24.
– Parfait ! Si le mystérieux compagnon d'ELY refait son apparition, nous pourront l'intercepter ainsi. Nous avons maintenant un nouveau protagoniste dans cette histoire ! a ajouté Cliquot, pour qui l'enquête **prenait une nouvelle tournure**.
– Oui, cela ne nous facilite pas la tâche. Et votre assistante voulait encore nous fournir des informations supplémentaires sur l'activiste François Carrère.

propreté *f* **clinique**	klinische Sauberkeit
distraitement	geistesabwesend
vraisemblance *f*	Wahrscheinlichkeit
tout se voit, tout se sait	nichts bleibt geheim
prendre *irr* **une nouvelle tournure**	eine neue Wendung nehmen

malicieusement	schelmisch
gyrophare *m*	Scheinwerfer
filer	*hier*: rasen
à toute allure	mit voller Geschwindigkeit
vraisembla-blement	wahrscheinlich
déposition *f*	Zeugenaussage
tension *f*	Spannung

– Hm… François Carrère… Oui, attendons que Nathalie nous donne des nouvelles. Mais on pourrait sans doute aller faire un tour à l'hôtel Métropole pour interroger une nouvelle fois Christophe Gensac, a proposé Cliquot, qui était bien décidé à faire parler cette fois-ci l'agent d'ELY.
– Gensac ? Oui, mais nous n'avons pas de rendez-vous.
– Nous pouvons toujours essayer de passer. Nous lui avons bien dit de ne pas quitter Bruxelles. Et s'il n'est pas là, on pourra toujours l'attendre dans le restaurant de l'hôtel, a dit Cliquot en descendant l'escalier.
– Vous avez faim ? a **malicieusement** demandé Van der Linden, qui suivait l'inspecteur pour sortir.
– Non pas encore, mais ça viendra sûrement quand nous serons arrivés au restaurant de l'hôtel.
– Eh bien, on y fera une pause, au cas où Gensac ne serait pas là », a répondu Van der Linden en refermant la grande porte de la maison d'ELY.

Les deux policiers étaient à peine installés dans la voiture quand le téléphone portable de Van der Linden a sonné. La conversation téléphonique n'a duré que deux minutes, mais le commissaire semblait très excité après avoir raccroché :
« Cliquot, il y a du nouveau. Nous irons plus tard interroger Gensac à l'hôtel Métropole. Nous devons repasser immédiatement au commissariat.
– Que se passe-t-il ? » a demandé l'inspecteur, intrigué.
Van der Linden n'a pas mis le **gyrophare**, mais il conduisait rapi-

dement. La voiture filait à toute allure à travers la ville. Il s'était vraisemblablement passé quelque chose d'important :

Exercice 39 : Sätze mit *ne … que*. Schreiben Sie die Sätze um und verwenden Sie *ne … que* anstatt *seulement*!

1. Van der Linden boit seulement un café le matin.

____

____

2. Il travaille seulement à Bruxelles.

____

____

3. L'interrogatoire a seulement duré une demi-heure.

____

____

4. En ville, il roule seulement en taxi.

____

____

« Farid, le chauffeur d'ELY… Vous vous souvenez ?
– Oui, bien sûr ! Il était là le soir du meurtre à l'Atomium.
– Eh bien, il vient de se présenter au commissariat, et il veut faire une nouvelle déposition. J'ai dit à mes collègues que nous arrivons immédiatement », a expliqué Van der Linden, qui était dans une tension intense.

6 « C'est toi, mon étoile »

Près d'une semaine après le drame, Farid, le chauffeur de taxi qui avait conduit ELY jusqu'à l'Atomium, ne s'était pas encore complètement remis du choc. Il revoyait en pensée, et surtout dans son sommeil, la terrible scène : la moto, la victime, et les mots qu'elle prononçait… Ces images revenaient sans cesse dans sa tête. Et chaque fois, il se réveillait brutalement, **en sueur**.

en sueurs	schweißgebadet
superstition *f*	Aberglaube
tendre *irr* **l'oreille**	die Ohren spitzen
visiblement	sichtlich
propos *m pl*	Worte, Äußerungen
incohérent	unzusammenhängend
murmurer	murmeln
solennellement	feierlich
vexé	gekränkt

Mais la nuit dernière, il s'est passé quelque chose d'étrange – comme si le mort avait essayé de parler à Farid. Et aujourd'hui, il sentait le besoin – par crainte ou par **superstition** – de se confier au commissaire qui l'avait interrogé le soir de l'accident :

« Cette nuit, j'ai rêvé qu'ELY voulait me parler, a commencé Farid.

– Ah bon ?! a fait Van der Linden, sceptique [i].

– Oui, je sais. Cela semble complètement fou. Mais je suis sûr que dans mon rêve,

> Das ‚c' vor den Vokalen ‚e' und ‚i' wird wie [s] ausgesprochen. Deshalb heißt es [sɛptik] – es ist kein [k] zu hören wie im Deutschen [skɛptɪʃ].

ELY a répété les mots qu'il a prononcés avant de mourir. » Cliquot, qui assistait aussi à l'entretien, a tout à coup tendu l'oreille : Farid allait peut-être dire quelque chose d'important. « En même temps, ces mots n'ont aucun sens, continuait Farid, visiblement gêné, car il sentait bien que ses propos semblaient incohérents.

Exercice 40 : L'accord du participe passé. Wenn nötig, vervollständigen Sie die Partizipien mit der passenden Endung!

1. La nuit que Farid a pass ________________ n'a pas été calme.
2. Les images qu'il a vu ________________ lui font peur.
3. Mais il a compris les mots qu'ELY a prononcé ________________.
4. Alors il parle au commissaire qui l'a interrogé ________________.

– Dites toujours, a encouragé Cliquot.
– Eh bien… Aujourd'hui, je me souviens nettement de ce qu'ELY m'a murmuré à l'oreille. Il a exactement dit « C'est toi, mon étoile », a dit Farid solennellement.
– « C'est toi, mon étoile » ?! Ce sont vraiment les derniers mots qu'ELY a prononcés avant de mourir ? a demandé Van der Linden, un peu surpris.
– Oui, c'est bien ce qu'ELY a dit. J'en suis sûr. Sinon, je ne serais pas venu », a répondu Farid, légèrement vexé.

Il avait en effet l'impression que le commissaire ne le croyait pas – ou, du moins, ne le prenait pas au sérieux.

Exercice 41 : Démêlez les mots. Lesen Sie weiter und bringen Sie die Buchstaben in die richtige Reihenfolge!

En **1.** altéiré ____________, Van der Linden était surtout **2.** uçed ____________. Il avait espéré des informations plus claires et **3.** cesprési ____________. À présent, la **4.** sintone ____________ était retombée. Cette phrase **5.** ésytrisemeu ____________ ne l'avançait pas beaucoup. Pendant ce temps, Cliquot continuait à **6.** orinregret ____________ Farid :

« Et y a-t-il d'autres éléments dont vous vous souvenez de nouveau ? Ou dont vous avez rêvé ? »
Était-ce de l'ironie ? Farid ne savait pas trop si l'inspecteur se moquait de lui. Mais face à un policier, il a préféré garder son calme et a simplement répondu :
« Je suis désolé… Je me souviens juste de cette phrase. Tout est allé trop vite… »
Après avoir pris congé de Farid, Cliquot se taisait, et restait absorbé dans ses pensées : « C'est toi, mon étoile… mon étoile… Que – ou plutôt qui – se cachait derrière ces mots ? »

prendre qn au sérieux	jmd. ernstnehmen
se moquer de qn	sich über jmd. lustig machen
être *irr* absorbé dans qc	in etw. vertieft sein

Pendant que Cliquot réfléchissait et gardait le silence, Van der Linden essayait de mettre un peu d'ordre sur son bureau. Le catalogue où étaient répertoriées les œuvres d'ELY s'y trouvait encore. L'avant-veille, il l'avait feuilleté en vitesse. Mais depuis, il n'avait pas eu le temps de le regarder avec plus d'attention. Et il était sûr que son collègue Cliquot n'avait pas touché non plus l'exemplaire qu'on avait mis à sa disposition…

mettre *irr* qc à disposition	zur Verfügung stellen
traîner	liegen
fautif	*hier*: schuldig
s'emparer de qc	etw. an sich reißen

Mais un autre document a attiré l'attention de Van der Linden : Les analyses des films de vidéosurveillance de l'Atomium ! Le rapport était enfin arrivé, et un de ses collègues l'avait posé sur son bureau, sans rien lui dire :
« Bon sang ! Les collègues auraient quand même pu me prévenir ! Il faudra que je règle cela tout à l'heure. Qui sait depuis combien de temps ce rapport traîne sur mon bureau ! Le collègue fautif sera sanctionné ! » s'est énervé Van der Linden en s'emparant du dossier.
Van der Linden s'est vite absorbé dans la lecture du rapport. Le silence régnait dans le bureau, quand tout à coup, Van der Linden s'est exclamé :

« Cliquot ! La police technique a pu exploiter les films de vidéosurveillance. Ou du moins, les collègues ont réussi à spécifier le modèle de la Harley Davidson.
– Pardon ? Que se passe-t-il ? a demandé Cliquot comme s'il revenait de loin.
– Je viens de lire le rapport des analyses des films. Vous savez bien, les caméras de surveillance de l'Atomium !

Exercice 42 : Vrai ou faux ? Welche Aussagen sind korrekt? Kreuzen Sie an!

1. Cliquot n'est pas là quand Van der Linden interroge Farid. ❐
2. Farid se souvient de ce qu'ELY lui a dit. ❐
3. Farid a rêvé du meurtrier d'ELY. ❐
4. Farid craint qu'on ne le prenne pas au sérieux. ❐
5. Van der Linden a trouvé un rapport important sur son bureau. ❐
6. Van der Linden est content d'avoir enfin des informations précises. ❐

– Et ? Qu'est-ce que vous avez appris ? Il y a des infos sur la personne qui conduisait la moto ?
– Hm… Sur la personne même, on n'a toujours rien. Mais nous savons maintenant que la moto qui a renversé ELY était une Harley Davidson E glide ultra classic. Ce modèle a été construit entre 2001 et 2009. Malheureusement, nous n'avons aucune info sur la couleur.
– Pourquoi ? Il faisait déjà trop sombre ?
– Euh… Non ! Il était environ 20 heures au moment des faits, et au début du mois de septembre, il fait encore assez jour… Mais comme les films des enregistrements sont en noir et blanc, cela ne nous aide pas pour la couleur du véhicule.
– Hm… Et la plaque minéralogique ? Elle a pu être déchiffrée ? a demandé Cliquot, pour qui le modèle de la Harley Davidson n'évoquait rien de particulier.

– Non, malheureusement ! Le conducteur a pris soin de la masquer. Impossible de la lire… Ce qui confirme d'ailleurs qu'il ne s'agissait pas d'un accident. Mais il y a quand même un moyen de mettre la main sur le motocycliste…

– Je suppose que vous allez faire vérifier toutes les **immatriculations** de ce modèle de Harley Davidson établies à ce jour…

plaque *f* **minéralogique**	Kfz-Kennzeichen
évoquer qc	etw. ergeben
immatriculation *f*	Zulassung
fichier *m*	Akte
immédiat	unmittelbar
être *irr* **domicilié à**	seinen Wohnsitz haben in
limiter qc à	etw. beschränken auf

– Exactement ! Je vais faire contrôler les **fichiers** sur Bruxelles et dans les environs **immédiats**. J'espère bien que nous pourrons ainsi retrouver le propriétaire de ce véhicule… et par conséquent, l'auteur du crime. Du moins, je pense que c'est le moyen le plus sensé pour le moment, a expliqué Van der Linden, qui se voulait rassurant.

– Et si le propriétaire de la moto n'**est** pas **domicilié** à Bruxelles ? a répliqué Cliquot. Il s'agit peut-être de quelqu'un qui vient de Paris. N'oubliez pas que nous enquêtons également sur François Carrère, sans compter[i] l'affaire Amaury Sannier.

– Ah ! Inspecteur ! Dans un premier temps, **limitons** notre recherche **à** Bruxelles et ses environs. Je n'ai ni les compétences requises ni assez d'hommes pour réaliser une recherche plus poussée. Si on ne trouve rien sur Bruxelles, on devra en parler au grand chef.

– On verra bien… » a répondu Cliquot qui semblait penser à tout autre chose.

Achtung, feststehende Wendung!
Die Wendung *(c'est) sans compter* kann nicht wörtlich übersetzt werden, sondern bedeutet hier so viel wie „ganz zu schweigen von": *Toute ma famille va venir, sans compter la famille de mon mari !*

Exercice 43 : La négation *ne … ni … ni.* Übersetzen Sie die folgenden Sätze!

1. Cliquot fährt weder heute noch morgen nach Paris zurück.

____

____

2. Er mag weder die klassische noch die zeitgenössische Kunst.

____

____

3. Sie haben weder Kaffee noch Tee getrunken.

____

____

4. Van der Linden hat weder den Bericht noch den Katalog gelesen.

____

____

En effet, l'inspecteur venait enfin de trouver ce qui le chiffonnait depuis le départ de Farid. C'était comme une révélation soudaine. :« Van der Linden ! Je crois savoir ce que voulaient dire les

révélation *f*	Aufdeckung
affectueux	liebevoll
ramener à	*hier*: zurückführen zu

derniers mots d'ELY ! s'est exclamé Cliquot avec une grande excitation.

– Quels mots ? Vous parlez de « mon étoile » ?

– Exactement ! « Mon étoile » ! Ces mots ont quelque chose d'affectueux, d'intime... Comme s'il s'agissait d'un surnom qu'ELY aurait donné à quelqu'un qui lui est cher, qui compte pour lui. Et savez-vous qui correspondrait à ce profil ?

– Euh... Estelle Tellier, la fille d'ELY ? a répondu Van der Linden, qui commençait à comprendre le raisonnement de Cliquot.

– Oui, voilà ! Depuis le début, j'étais persuadé qu'Estelle Tellier jouait un rôle dans cette affaire. Et maintenant, les derniers mots d'ELY confirment mes soupçons.

– Mais qu'est-ce qui vous rend[i] si sûr ?

– Vous qui êtes expert en histoire de l'art, vous avez sûrement fait du latin, n'est-ce pas ?

– Euh non... J'ai préféré apprendre le grec. J'en ai fait cinq ans en tout... Mais cela m'intéresserait bien de reprendre des cours de grec. Le grec, c'est une langue qui donne accès à une culture passionnante...

– Oui, si vous voulez » l'a interrompu Cliquot, qui ne voulait surtout pas laisser Van der Linden parler d'histoire de l'art. Mais si vous aviez fait du latin, vous sauriez que le prénom « Estelle » signifie « étoile » en latin. Ce qui, à mon avis, nous ramène à Estelle Tellier.

– Vous voulez dire qu'ELY a reconnu sa fille au moment de mourir ? a demandé Van der Linden.

– Cela est possible, mais il faut

> Achtung, typische Fehler vermeiden: Im Französischen steht das Verb *rendre* oft im Sinne von „machen": *Qu'est-ce qui te rend si sûr ?* „Was macht dich so sicher?" *Le bruit me rend malade.* „Der Lärm macht mich krank".

encore le prouver… Nous devrions interroger une nouvelle fois Estelle Tellier. Pourriez-vous la convoquer pour qu'elle passe au commissariat ?

– Je m'en occupe tout de suite… Et Gensac ? Nous voulions aussi l'interroger. Pourquoi ne nous a-t-il pas parlé du mystérieux compagnon d'ELY ? Gensac peut certainement nous en apprendre plus. Et aussi sur les gens qu'ELY recevait dans sa maison.

Exercice 44 : Mots cachés. In diesem Gitternetz sind acht Wörter zum Wortfeld „Kunst" versteckt. Welche sind es?

E	P	S	A	N	S	O	L	M	I
M	H	U	I	L	E	T	B	R	N
Y	O	F	A	P	R	V	O	N	S
U	T	M	M	O	L	E	T	E	T
T	O	I	L	E	U	R	I	J	A
O	L	D	É	J	E	N	N	E	L
V	I	D	É	O	E	I	H	R	L
N	I	T	E	X	U	S	X	E	A
O	C	A	F	É	T	S	R	I	T
T	T	A	B	L	E	A	U	E	I
B	R	Q	L	S	A	G	T	S	O
A	R	T	I	S	T	E	T	S	N

convoquer	jmd. bestellen, kommen lassen
suggérer *irr*	vorschlagen
faire *irr* une déposition	eine Aussage machen
s'enchaîner	sich aneinanderreihen

Je n'ai pas oublié Gensac, mais je compte aussi sur l'enquête de voisinage que vos collègues effectuent. Vous avez bien envoyé des hommes pour interroger les voisins d'ELY, n'est-ce pas ?
– Oui, mes hommes sont sur le terrain… . Et la maison est également surveillée, a confirmé Van der Linden
– Eh bien, commençons d'abord par Estelle Tellier. Vous l'avez contactée ? On se rendra ensuite chez Gensac », a suggéré Cliquot.

Juste à ce moment, le téléphone portable de Cliquot s'est mis à sonner. Encore une fois, c'était Nathalie qui appelait de Paris :
« Chef, vous êtes bien assis ? a demandé l'assistante de Cliquot.
– Non, pourquoi ? a répondu Cliquot qui se doutait pourtant que quelque chose d'important venait de se passer.
– Eh bien, tenez-vous bien ! Un certain Grégory Montfort a fait une déposition au commissariat. Et vous savez quoi ? »
Nathalie a fait une pause avant d'annoncer la nouvelle.
« Il a avoué avoir renversé Amaury Sannier. Il a confirmé qu'il s'agissait donc d'un accident. »
Nathalie attendait la réaction de Cliquot. Mais celui-ci se taisait. Dans sa tête s'enchaînaient mille et une pensées. Si la mort d'Amaury Sannier était un accident, et s'il n'y avait aucun lien avec ELY, que faisait-il alors à Bruxelles ?
Nathalie a encore attendu un moment avant de continuer : « Grégory Montfort était un petit délinquant, âgé d'une vingtaine d'années… J'ai l'enregistrement de sa déposition. Si vous avez une minute, je vous la fais écouter… »

Cliquot entendait la jeune femme appuyer sur une touche de

son clavier, et l'enregistrement s'est mis en route :
« Le jour de l'accident, j'étais sous l'emprise de drogues. Ça m'arrive rarement, croyez-moi ! Je vous promets ! … Et puis, un pote m'avait prêté sa moto, ce jour-là. Je kiffe ce super engin… Moi, je suis trop accro aux sensations fortes, et je raffole de la vitesse… La rue était déserte. Je l'avais pour moi tout seul. C'était trop cool… Et tout à coup, quand j'ai vu cet homme qui traversait tranquillement, je n'ai rien pu faire… Tout est allé trop vite. À ce moment-là, je ne savais évidemment pas qu'il s'agissait de ce célèbre peintre… Euh… J'ai encore oublié son nom… Je savais seulement que je ne pouvais pas freiner… Je n'avais plus aucun réflexe… Au contraire ! Je ne pensais qu'à accéler pour prendre la fuite le plus vite possible. Par peur, par panique… »

Exercice 45 : Le langage der jeunes. Welche Verben bzw. Ausdrücke haben die gleiche Bedeutung? Ordnen Sie zu!

1. ☐ kiffer	a) le copain
2. ☐ être accro à	b) aimer
3. ☐ bosser	c) être dépendant de
4. ☐ le pote	d) l'enfant
5. ☐ le gosse	e) travailler

Après avoir eu connaissance de cette macabre déposition, Cliquot devait se rendre à l'évidence : la mort d'Amaury Sannier était un tragique accident. Cette affaire ne présentait plus aucun lien avec l'affaire ELY à Bruxelles. Cliquot a rapidement réfléchi :

sous l'emprisede qc	unter dem Einfluss von etw. stehen
ϟ kiffer qc	auf etw. abfahren
être *irr* accro à qc	süchtig nach etw. sein
s'entraider	sich gegenseitig helfen
péripétie *f*	Peripetie, Wendung

« Nathalie, officiellement, je suis en congé puisque l'affaire Sannier est bouclée. Je passe donc quelques jours de vacances à Bruxelles. Je ne voudrais pas abandonner Van der Linden en plein milieu de l'enquête.
– Et moi, alors ? Qu'est-ce que je fais ?
– Je vous propose de continuer discrètement…
– Discrètement ?!
– Oui, vous savez bien… Vous n'êtes pas obligée de tout rapporter au Préfet. Mais continuez votre enquête sur François Carrère. Mon collègue André Besson vous aidera. Comptez sur lui, je vais le mettre au courant de la situation. Entre vieux collègues, on s'entraide, c'est la règle...
– S'agit-il encore d'une de vos méthodes… euh… particulières ?, a demandé Nathalie sur le ton de la plaisanterie.
– Mais non ! Tout est légal, je voudrais juste résoudre notre enquête le plus efficacement possible… Bon, je dois vous laisser. Van der Linden et moi-même attendons d'un moment à l'autre Estelle Tellier.
– Estelle Tellier ? Vous avez du nouveau ? » a demandé Nathalie.

Cliquot l'a alors mise brièvement au courant des dernières péripéties de l'enquête.
« Eh bien, moi aussi, j'ai une information importante à vous donner sur Estelle Tellier, a ajouté Nathalie.
– C'est-à-dire ?

– Le soir où ELY devait fêter son anniversaire à l'Atomium, Estelle n'était pas chez elle à Paris.
– Et où se trouvait-elle donc ? À Bruxelles ?
– Non, pas du tout ! Elle était à Londres, à un défilé de mode. Apparemment cette jeune femme n'avait pas prévu de se rendre à la fête de son père », a conclu Nathalie.

vouloir *irr* en avoir le cœur net de qc	wissen wollen, woran man ist
courir *irr* un risque	ein Risiko eingehen
affronter qn	jmd. gegenüber-treten
escorte *f*	Begleitschutz
brigade *f* criminelle	Kriminalpolizei
co-équipier	*hier*: Kollege
renfort *m*	Verstärkung
intrusion *f*	Eindringen

Après cette conversation téléphonique, Nathalie a décidé de suivre le conseil de Cliquot. Elle aussi était intéressée par l'affaire ELY. Et puis, elle avait l'impression d'avoir trouvé une piste importante avec François Carrère. Le passé criminel de cet activiste le rendait particulièrement suspect à ses yeux, et elle voulait en avoir le cœur net.
Grâce à l'aide d'André Besson, qui avait effectivement été informé par Cliquot, Nathalie a pu obtenir sans problème les coordonnées du domicile de l'ancien membre des « Anges noirs ». François Carrère habitait un petit pavillon modeste à Montreuil, une banlieue triste, à l'est de Paris. Malgré le risque qu'elle courait, Nathalie se sentait prête à affronter François Carrère.
Sur les conseils d'André Besson, elle avait quand même accepté l'escorte d'un agent de la brigade criminelle. Celui-ci devait rester dans un véhicule banalisé pendant que Nathalie s'entretenait avec François Carrère. La jeune femme était aussi munie d'un petit micro qui permettait de suivre à distance tout ce qui se disait. En cas de danger, son coéquipier interviendrait et appellerait du renfort.

Exercice 46 : Devinette. **Übersetzen Sie und enträseln Sie das Lösungswort!**

1. Ratschlag □ _ _ _ _ _ _
2. Verstärkung _ _ _ _ □ _ _
3. Mitglied _ □ _ _ _ _
4. Vorort _ _ _ _ _ _ _ □ _
5. Bericht _ _ _ _ _ □ _

Lösung: □ □ □ □ □

En l'absence de Cliquot, André Bresson se sentait responsable de la sécurité de la jeune femme. Personne ne pouvait prévoir la réaction de François Carrère face à l'intrusion de la police. Était-il armé ? Serait-il prêt à utiliser son arme contre Nathalie ? Il ne fallait rien laisser au hasard.
Nathalie se tenait maintenant devant la porte du pavillon. Les lettres haineuses de François Carrère contre ELY lui revenaient tout à coup en tête : qu'est-ce qui pouvait bien conduire un être humain à des réactions si extrêmes et si menaçantes ? Une telle haine pouvait-elle conduire au crime ?
C'était maintenant à Nathalie de jouer. La jeune femme a pris une profonde inspiration pour se calmer, et a appuyé sur le bouton de la sonnette.

Loin de là, à Bruxelles, les événements s'enchaînaient également. Estelle Tellier a pris place dans le bureau du commissaire Van der Linden. Elle se tenait droite, et ne semblait pas être intimidée par les deux policiers.

soupçonner qn	jmd. verdächtigen
héritière *f*	Erbin
pavé *m*	*hier*: Wälzer, Schinken
fermement	fest
service *m* des immatriculations	Zulassungsstelle

Estelle Tellier parlait avec une voix douce, et avec assurance voire avec indifférence. Selon toute vraisemblance, la jeune femme n'avait rien à se reprocher : « Pourquoi nous avez-vous menti ? Vous n'avez jamais eu l'intention de vous rendre à la fête d'anniversaire d'ELY. Le soir de la fête, vous n'étiez pas à Paris comme vous l'aviez raconté, mais à Londres, a expliqué l'inspecteur Cliquot.
– Je ne voulais pas mentir, mais j'ai paniqué…
– Mais pourquoi ? a insisté Van der Linden.
– Imaginez un peu ! Vous m'auriez tout de suite soupçonnée du meurtre. Mon père meurt, et je suis la seule héritière… Alors que lui et moi, nous ne nous entendions absolument pas. Avouez que cela aurait été suspect, non ?
– Savez-vous que votre père a murmuré votre nom avant de mourir ? « Mon étoile », c'était bien comme cela que votre père vous appelait ? » a voulu savoir Cliquot.
À ces mots, Estelle Tellier a pâli, et semblait retenir ses larmes : « Oui, c'était mon surnom quand j'étais petite… Mais il y a tellement longtemps… Je sais qu'ELY a aussi utilisé cette appelation pour ses maîtresses, mais également pour des installations ou pour d'autres œuvres… « Mon étoile », ce n'est pas forcément moi… Si vous connaissez les œuvres d'ELY, cela vous aidera peut-être » a suggéré la jeune femme.
En entendant cela, Van der Linden a immédiatement pensé au catalogue de 400 pages qui présentait les œuvres d'ELY. Ce gros

pavé était toujours là, sur son bureau. Y trouvera-t-il un indice important ? Dès qu'il aura une minute, il le consultera de plus près. Il se promettait fermement de le faire.
En jetant un coup d'œil sur l'écran de son ordinateur, Van der Linden a remarqué qu'un e-mail du service des immatriculations venait d'arriver.

Exercise 47 : Spirale des mots. Übersetzen Sie die gesuchten Begriffe und fügen Sie sie in die Wortspirale ein!

1	2	3	4	5	6	7
22	23	24	25	26	27	8
21	36	37	38	39	28	9
20	35	42	41	40	29	10
19	34	33	32	31	30	11
18	17	16	15	14	13	12

1-6: Stern
6-10: Fahrzeug
10-12: Name
12-17: Motorradfahrer
17-20: Tuch
20-24: Spur
24-31: aufgebracht
31-38: unter die Lupe nehmen
38-42: Straße

Trop curieux pour attendre la fin de l'entretien avec Estelle Tellier, Van der Linden a discrètement ouvert le message. Une liste des différents détenteurs de Harley Davidson E glide ultra classic s'est alors affichée. Van der Linden n'a pas eu besoin de plus d'une minute pour reconnaître l'adresse de la maison d'ELY, et pour constater à quel nom elle correspondait…

Le commissaire était dans une grande excitation et ne pouvait plus se concentrer sur l'interrogatoire d'Estelle Tellier. Il essayait de faire comprende à Cliquot qu'il venait d'avoir une information importante. Mais l'inspecteur faisait mine de ne rien remarquer et il continuait à écouter le récit d'Estelle Tellier :
« Dès mon enfance, la relation avec mon père a été difficile. Quand j'ai eu six ans, il m'a envoyée dans un internat en Suisse. J'ai pratiquement grandi sans mes parents, a raconté la jeune femme.
– Et votre mère ?, a demandé Cliquot.
– Elle est morte quand j'étais enfant, je ne me souviens plus d'elle », a répondu Estelle Tellier d'une voix à peine perceptible. Une certaine mélancolie, voire tristesse, semblait la gagner, mais elle essayait de rester maîtresse d'elle-même.
« Oh ! Je suis désolé, a répondu Cliquot en essayant d'être conciliant. Et après l'internat ? Quand vous êtes devenue majeure, vous n'avez pas eu envie de reprendre contact avec votre père ?
– Ben… Oui, on se téléphonait de temps en temps… Mais je suis alors partie faire mes études aux États-Unis. J'y suis restée presque quatre ans. Ce n'est que depuis l'année dernière que je vis à Paris…

perceptible	wahrnehmbar
rester maître/maîtresse de soi	Herr seiner selbst bleiben
conciliant	entgegenkommend, vermittelnd
majeure	volljährig
consacrer	widmen
superficiel	oberflächlich
amère	*hier:* verbittert
fidèle associé *m*	Getreue

– Vous aviez donc la possibilité de voir votre père plus souvent ? a interrompu Cliquot.
– Certes… Mais mon père était rarement à Paris. Et puis, vous savez, on n'avait jamais trop le temps de se rencontrer ou de se parler. Pour mon père, ses œuvres d'art étaient plus importantes que sa famille. Il consacrait tout son temps et toute son énergie à sa carrière. Alors évidemment, notre relation est restée superficielle… Ou plus exactement, inexistante », a dit Estelle Tellier dans un souffle.
Elle semblait amère et déçue, mais elle a continué :
« Et aujourd'hui, mon père est mort, et il me laisse toute sa fortune. J'ai toujours cru que ce serait son fidèle associé qui hériterait de cette fortune.
– Vous voulez dire Gensac ? a demandé Van der Linden.
– Mais oui ! Lors de notre premier entretien, je vous avais déjà parlé de cet homme, non ?
– Oui, oui… Nous sommes au courant », a confirmé Cliquot, pensif.
Dès que l'entretien avec Estelle Tellier serait fini, il faudrait immédiatement rencontrer Gensac. Mais l'inspecteur voulait encore éclaircir quelques points :

Exercice 48 : Les adverbes. Lesen Sie weiter und übersetzen Sie die Adverbien!

- Saviez-vous qu'ELY possédait une maison à Bruxelles ?
Et 1. offensichtlich ____________________, il y vivait avec son compagnon ? Connaissez-vous cette personne ? D'après les informations que nous venons d'obtenir, cette

D'après les informations que nous venons d'obtenir, cette personne se nomme Richard Masson, a annoncé Van der Linden. Devant l'étonnement muet de Cliquot, le commissaire faisait **2.** diskret ________________ comprendre à son collègue que les résultats de la recherche du service des immatriculations étaient arrivés.

– Richard Masson, le compagnon de mon père ? a répété Estelle Tellier **3.** sichtbar ________________ étonnée. Non, je ne sais pas... Vous avez demandé à Gensac ? **4.** normalerweise ________________, Gensac sait toujours tout sur ELY... Quant à une maison, je viens **5.** erst ________________ de l'apprendre hier par le notaire...

7 L'affaire est dans le sac

Après avoir sonné, Nathalie a attendu que quelqu'un lui ouvre la porte. Mais rien. Aucun bruit. Elle a fait quelques pas en arrière et a regardé si quelqu'un se montrait à l'une des fenêtres. Mais non, il n'y avait personne. En observant avec attention la façade[i] du pavillon, Nathalie a remarqué une petite caméra de vidéosurveillance orientée vers la porte d'entrée :

« Le voyant rouge est allumé, la caméra fonctionne… Carrère serait-il paranoïaque ? Il semble craindre les visites », a pensé la jeune femme.

voyant *m*	*hier*: Kontrolllämpchen

Achtung bei Wörtern, die ins Deutsche übernommen wurden. Ihre Schreibung im Deutschen weicht oft von der Ursprungsform ab. Die „Fassade" schreibt sich im Französischen mit ‚ç'.

Exercice 49 : La proposition infinitive avec *après*.
Verbinden Sie die folgenden Sätze mit *après avoir* bzw. *après être* !

1. Nathalie a sonné et après, elle n'a rien entendu.

____

____

2. Elle est allée dans la cuisine, et après elle a ouvert la fenêtre.

____

____

3. Jean a mangé, et après il est parti travailler.

____

____

4. Elle est montée dans sa chambre, et après elle a regardé la télé.

____

____

Nathalie a alors appuyé une deuxième fois sur le bouton de la sonnette. Cette fois-ci, un petit bruit mécanique s'est fait entendre, une sorte de petit déclic, et la porte d'entrée s'est ouverte. Mais toujours personne. À quoi François Carrère voulait-il donc jouer ? Nathalie était consciente du danger. Un criminel vivait peut-être dans cette maison. Mais ce n'était pas le moment d'abandonner. Et puis, Jérôme Trétout, le lieutenant de police qui l'accompagnait – ou du moins, qui était témoin de tout ce qui se passait grâce au téléphone portable qu'elle avait laissé allumé – interviendrait si jamais les choses devaient mal tourner...

Nathalie a alors poussé doucement la porte, et elle est entrée dans la maison. Elle se trouvait dans un couloir sombre et étroit, sans fenêtre. Il avait environ deux mètres de longueur et se terminait en **faisant un angle** vers la droite. Une odeur désagréable se faisait sentir : un mélange d'**eau de Javel**, de tabac froid et d'urine… Nathalie a mis un mouchoir sous son nez. Ce n'était vraiment pas le moment d'**avoir la nausée**.

déclic *m*	Klicken, Klickgeräusch
intervenir	eingreifen
faire *irr* **un angle**	um die Ecke gehen
eau de Javel	Chlorbleiche
avoir *irr* **la nausée**	an Übelkeit leiden
prendre *irr* **son courage à deux mains**	sein Herz in die Hand nehmen

Nathalie a continué à avancer. En tournant à droite dans le couloir, elle s'est soudain trouvée nez à nez avec un drapeau suspendu comme une lampe au plafond. Malgré l'obscurité qui régnait dans le couloir, elle a cru reconnaître un poing qui semblait être prêt à frapper un adversaire invisible…

« Ce drapeau avec ce symbole volontairement agressif était celui que les membres des « Anges noirs » avaient l'habitude de porter à l'avant ou à l'arrière de leurs motos. André Besson m'en a montré des clichés », s'est souvenue la jeune femme.

Et puis, tout à coup, Nathalie a remarqué que le drapeau bougeait légèrement.

« Monsieur Carrère ? » a appelé Nathalie d'une voix hésitante.

Personne n'a répondu, un silence étrange continuait à régner dans cette démeure hostile. **Prenant son courage à deux mains**, la jeune femme a repoussé d'un coup le drapeau pour lui permettre de voir ce qui se passait de l'autre côté. Elle a juste eu le temps de voir un chat – ou était-ce un rat ? – bondir et disparaître.

« Une chose est sûre, c'est juste un animal. Aucune raison d'avoir peur », s'est dit Nathalie, qui essayait de se rassurer comme elle pouvait.

Exercice 50 : L'ordre chronologique. **Ordnen Sie die folgenden Ereignisse chronologisch!**

a) Nathalie est entrée dans un couloir.

b) Tout à coup, Nathalie a vu un animal.

c) Dans ce couloir, il n'y avait pas de fenêtre.

d) Nathalie a sonné une deuxième fois.

1	2	3	4

Le couloir conduisait directement à une pièce qui devait servir de salle de séjour. Nathalie y est alors entrée. Le temps avait visiblement usé le mobilier sombre et bon marché. Mais ce qui frappait Nathalie, c'était le nombre de photos accrochées sur chaque mur. Elles étaient de différentes tailles. La plus grande photo montrait le portrait d'un grand jeune homme. Il avait des longs cheveux blonds et portait une barbe. Il était entièrement habillé en cuir noir : sa veste, son pantalon, ses gants et ses bottes. Tout était en noir. Sur la veste, Nathalie a pu reconnaître le symbole du club des « Anges noirs », et elle en a conclu :

« C'est certainement François Carrère, assis sur sa moto[i]. Et la marque de cette moto est... »

> Die Franzosen lieben Abkürzungen! So wie *moto* aus *motocyclette* wird, bilden die Franzosen auch die Kurzwörter *la météo* (la météorologie), *la prio* (la priorité), *le max* (le maximum), *le frigo* (le frigidaire), *le ciné* (le cinéma) und viele mehr.

Exercice 51 : Mots cachés. In diesem Gitternetz sind sieben Wörter zum Wortfeld Kleidung versteckt. Welche sind es?

B	I	R	R	V	E	L	U	M
O	R	O	B	E	T	H	S	O
G	A	N	T	S	F	A	R	Y
U	P	A	N	T	A	L	O	N
B	O	T	T	E	S	N	O	M
T	A	C	H	E	M	I	S	E
C	R	A	V	A	T	E	R	J
I	A	Z	T	R	E	W	Q	L
L	Q	E	C	U	N	Z	O	U

Il s'agissait d'une Harley Davidson. La jeune femme était dans une tension toujours plus grande. Mais elle n'était pas au bout de ses surprises. Sur un autre mur du salon étaient accrochés non seulement des photos, mais aussi des articles de journaux. Certains étaient relatifs à ELY : ELY lors d'interviews à la télé ou pendant des manifestations pour défendre les droits des homosexuels ou encore pour défendre la légalisation du cannabis. La plupart des articles parlaient d'ELY, mais il y avait aussi des photos et ar-

user	*hier*: abnutzen
accrocher	aufhängen
cuir *m*	Leder
ne pas être *irr* au bout de ses surprises	längst nicht alles erfahren/entdeckt haben

ticles qui concernaient d'autres personnalités.
« Quel était donc leur point commun ? » s'est demandée Nathalie en survolant les différents articles.
Toutes étaient connues pour leur homosexualité, leur grande ouverture d'esprit ou encore pour leur engagement pour plus de libertés individuelles. Et tout comme les photos d'ELY, leurs photos avaient été raturées d'une grosse croix au marqueur noir. Comme si quelqu'un avait souhaité leur mort.
Et c'était aussi au marqueur noir que quelqu'un avait inscrit sous ces photos et articles, le slogan suivant : « Mort aux drogués et aux homosexuels ! Vive l'ordre national ! »

point *m* commun	Gemeinsamkeit
raturé	*hier*: durchgestrichen
ambiguïté *f*	Doppeldeutigkeit
craquement *m*	Knacken
cylindrique	zylindrisch
s'accroupir	sich hinkauern, in die Hocke gehen
vacarme *m*	Lärm

Nathalie venait juste de lire ce message qui était sans ambiguïté quand un brusque craquement l'a fait se retourner. Elle a aperçu un énorme objet cylindrique qui était directement dirigé vers elle. L'angoisse, la peur, la panique gagnaient la jeune femme. Mais elle n'allait pas se laisser intimider :
« Je me trouve sûrement chez le meurtrier d'ELY. Et je réussirai bientôt à le faire arrêter », s'est-elle dit pour se donner du courage.
Nathalie a juste eu le temps de reconnaître que l'objet était un mégaphone, quand tout à coup, quelqu'un a commencé à crier :
« Sale intruse ! Qu'est-ce que vous venez faire chez moi ? »
Spontanément, Nathalie s'est accroupie et a porté ses mains à ses oreilles pour essayer de se protéger de ce vacarme. Mais l'homme continuait à hurler d'une voix haineuse :

« Qu'est-ce que vous me voulez ? Vous êtes de la police ? Vous voulez m'arrêter ? Mais vous ne voyez pas que je suis innocent ? C'est moi qui suis le sauveur de ce monde **pourri**. C'est moi qui protège le monde du **vice** et de la **débauche** ! Sortez d'ici ! **Foutez le camp** ! Vous salissez ma maison ! »

Exercice 52 : Familles de mots. Finden Sie im oberen Abschnitt Wörter aus der selben Wortfamilie!

1. ambigu ______________________
2. le cylindre ______________________
3. la haine ______________________
4. sauver ______________________
5. la pourriture ______________________

À ce moment, Nathalie a entendu quelqu'un qui entrait en courant dans le couloir. Jérôme ! C'était avec un grand soulagement qu'elle a reconnu le lieutenant de police. Il était armé, et s'est emparé avec autorité du mégaphone sans qu'on lui oppose aucune résistance. Le vacarme a enfin **cessé**.

Retrouvant peu à peu son calme, Nathalie a pu voir qui venait de la menacer. Il s'agissait bien de François Carrère – mais ce n'était plus le jeune homme de la photo. Nathalie n'en croyait pas ses yeux : François Carrère, cet activiste si **virulent** dans ses

pourri	verdorben
vice	Untugend, Lasterhaftigkeit
débauche	*hier*: Unzucht
Foutez le camp !	Ziehen Sie Leine!
cesser	aufhören
virulent	bissig, scharf

lettres, **était cloué** dans un fauteuil roulant !
Les yeux **hagards** de Carrère **trahissaient** la **démence sénile**. La maladie avait fait vieillir prématurément l'ancien membre des « Anges noirs ». François Carrère n'était plus que l'ombre de lui-même. Ce vieil homme infirme ne pouvait pas être le motard qui avait tué ELY.

être *irr* cloué	gefesselt/gebunden sein
hagard	verängstigt, verstört
trahir	verraten
démence *f* sénile	Altersdemenz
achever	abschließen, vollenden
taper	tippen
clavier *m*	Tastatur
s'écouler	ablaufen
ne pas tarder à faire qc	bald etw. tun

Après avoir[i] **achevé** son enquête sur François Carrère, Nathalie a décidé d'écrire immédiatement un rapport à Cliquot pour n'oublier aucun détail. À peine rentrée à la maison, elle s'est installée à son ordinateur. Elle **a tapé** son texte à toute vitesse sur son **clavier**. Une heure **s'était** peut-être **écoulée**. Le rapport était prêt. Satisfaite du résultat, Nathalie a alors cliqué sur la touche « envoyer ». L'inspecteur Cliquot ne **tarderait** pas **à** recevoir ce mail d'une importance **primordiale**.

En effet, quelques minutes plus tard, dans le bureau bruxellois du commissaire Van der Linden, Cliquot **était** déjà **absorbé par** la lecture du rapport de Nathalie. Et c'est à haute voix que l'inspecteur a lu la conclusion du rapport à son collègue belge :

« … depuis plus de 20 ans, François Carrère ne fait plus partie de club des « Anges noirs ». Cette période marquée par des délits de toutes sortes est aujourd'hui **révolue**. Cette rupture a été provoquée par la maladie. À la fin des années 1990, une **sclérose en plaques** lui a été diagnostiquée. Carrère a interprété cette maladie comme une **punition divine**. Cela a **déclenché** son fanatisme et son obsession pour la morale et les bonnes mœurs. Depuis l'apparition de sa maladie, Carrère se prend pour le sauveur du monde.

Cette obsession **va de pair** avec l'évolution négative de sa maladie. En effet, ces dernières années, son état de santé a **empiré**. François Carrère a perdu l'usage de ses jambes, et aujourd'hui, il ne peut plus **se déplacer** qu'en fauteuil roulant. Il est exclu que François Carrère soit le motard qui a tué ELY… »

« Eh bien, voilà au moins un résultat qui est clair. Carrère est un fanatique qui menace et qui **divague**, mais il est innocent. Nous devons abandonner cette piste, a résumé Van der Linden.

– Espérons que vos collègues postés devant la maison d'ELY nous conduiront sur les traces de ce Richard Masson, a dit Cliquot pensivement.

– Et n'oubliez pas Gensac ! Il s'est étonné, et a surtout protesté quand je l'ai recontacté. À mon avis, cela ne lui a pas plu qu'on le **relance**. Mais tant pis ! Au bout du compte, il a quand même accepté de passer au commissariat. Il devrait arriver d'une minute à l'autre », a ajouté Van der Linden.

primordiale	wichtig, wesentlich
être *irr* **absorbé par qc**	völlig beansprucht; konzentriert sein auf etw.
révolu	längst vergangen
sclérose *f* **en plaques**	multiple Sklerose
punition *f* **divine**	göttliche Strafe
déclencher	auslösen
aller *irr* **de pair avec qc**	mit etw. zusammen gehören
empirer	sich verschlechtern
se déplacer	sich fortbewegen
divaguer	spinnen, Unsinn reden
relancer	*hier*: bedrängen

Mit der Formel *après avoir* + Partizip II lässt sich ausdrücken, dass jemand etwas tut, nachdem er eine vorhergehende Handlung abgeschlossen hat.

Exercice 53 : Les verbes. Bilden Sie Infinitiv der folgenden Verbformen im *Futur simple*!

1. il fera ______________________________
2. tu seras ______________________________
3. elle devra ______________________________
4. il faudra ______________________________
5. tu iras ______________________________

Van der Linden avait vu juste en faisant surveiller la maison d'ELY. Assis dans une voiture banalisée, les deux inspecteurs en faction n'ont pas attendu longtemps jusqu'à ce qu'un homme s'arrête juste devant la maison d'ELY.

L'inconnu était à vélo, et il n'a pas pris le temps d'attacher son véhicule. Il l'a simplement laissé à l'entrée du jardin. Muni des clés de la maison, il a ouvert la porte d'entrée principale sans diffficultés, et a pénétré rapidement dans la villa.

« C'est sûrement notre homme, a murmuré l'inspecteur Olivier Verbraken à son co-équipier Laurent Geelhand.

– Qu'est-ce qu'on fait ? On le suit ou on attend qu'il sorte ?

– Mais t'écoutes[i] quand le chef donne ses instructions ?! a répondu Verbraken, légèrement exaspéré. D'abord, on attend. Pas question de le prendre en filature. On n'intervient qu'au moment où il sortira. Il ne faut pas le laisser s'échapper. Tu te souviens ?

> Im gesprochenen, umgangssprachlichen Französisch wird vor vokalanlautenden Verben häufig *tu* zu *t'* verkürzt.
> *T'insultes pas mes amies, hein ?!*
> „Du beschimpfst nicht meine Freunde, klar?!"

– Oui, oui, ça va ! Pas la peine de t'énerver ! »

Pendant ce temps, l'inconnu n'a pas perdu de temps. Il est monté rapidement au premier étage et s'est dirigé sans hésiter vers la chambre d'ELY. Il connaissait bien les lieux, cela ne faisait aucun doute. Une fois dans la chambre, l'intrus est allé directement dans la salle de bains. Il en est ressorti avec un tabouret et a alors ouvert une des portes coulissantes du dressing.

Pendant sa perquisition, la police n'avait pas remarqué que le dressing était pourvu d'un double plafond. Mais l'intrus en connaissait l'existence, et il savait exactement comment l'ouvrir. Il a grimpé sur le tabouret qui faisait office d'escabeau, et a accédé rapidement à la cachette. Là se trouvaient plusieurs petites sacoches en plastique dont le jeune homme s'est rapidement emparé. Il les a alors jetées en désordre dans un sac. Il ne restait plus rien dans le double-plafond. Tout avait parfaitement marché. Il lui fallait maintenant quitter cette maison le plus vite possible. Dans sa précipitation, le jeune homme n'avait pas remarqué que les deux inspecteurs de Van der Linden l'attendaient devant la villa. Profitant de l'effet de surprise, les policiers ont

voiture *f* banalisée	ziviles Polizeiauto
inspecteur *m* en faction	wachehabender Inspektor
muni de qc	ausgestattet mit etw.
prendre *irr* en filature	jmd. beschatten
Pas la peine de…	Es lohnt sich nicht zu …
tabouret *m*	Hocker
porte *f* coulissante	Schiebetür
pourvu de	versehen mit
intrus *m*	Eindringling
grimper	klettern
faire *irr* office de	dienen als
escabeau *m*	Trittleiter
cachette *f*	Versteck
en désordre	unordentlich
précipitation *f*	Eile

pu alors menotter l'inconnu sans qu'il ait eu le temps de réagir. Cela faisait un moment que Christophe Gensac était arrivé au commissariat. Un brigadier l'a fait entrer dans une salle et lui a demandé de patienter :
« Prenez place, Monsieur. Le commissaire Van der Linden sera à vous tout de suite. Et l'inspecteur de Paris... L'inspecteur Cliquot assistera aussi à votre audition » a-t-il dit en fermant la porte.
Gensac se trouvait seul dans cette salle grise, et essayait de se calmer. Pourquoi l'avait-on fait venir ? Qu'est-ce que ce commissaire avait contre lui ? Qu'est-ce qu'il voulait encore lui demander ? Il avait déjà pourtant tout raconté...

Exercice 54 : Traduction. Lesen Sie weiter und übersetzen Sie!

Gensac a essuyé la **1.** Schweiß ____________ qui perlait sur son front. Il s'est levé de sa **2.** Stuhl ____________, et s'est placé devant le grand **3.** Spiegel ____________ qui occupait tout un **4.** Wand ____________. Il a remis nerveusement en place sa belle cravate en soie. Il était content de l' **5.** Bild ____________ que lui renvoyait le miroir : un bel homme d'une cinquantaine d'années, vêtu d'un **6.** Anzug ____________ élégant qui allait certainement faire bonne impression devant les policiers.

menotter	in Handschellen legen
audition *f*	Verhör
essuyé	abwischen
perler	perlen
soie *f*	Seide
miroir *m* sans tain	ohne Spiegelbelag, Spionspiegel
adjacent	benachbart
répliquer	erwidern
formel	eindeutig
recommandable	empfehlenswert

Gensac ignorait que le miroir était **sans tain**. Il ne se doutait pas que Van der Linden et Cliquot étaient en train de l'observer dans la pièce **adjacente**. Les deux policiers faisaient volontairement attendre l'agent d'ELY. L'attente, l'incertitude et peut-être aussi la peur devaient contribuer à déstabiliser Gensac dès le début de l'interrogatoire. Car cette fois-ci, il devait parler et raconter tout ce qu'il savait. À commencer par les mystérieuses soirées dans la maison d'ELY à Bruxelles…

« Écoutez, commissaire Van der Linden ! Ces soirées chez ELY à Bruxelles n'ont aucun rapport avec le meurtre, s'est défendu Gensac.

– Alors pourquoi ne nous en avez-vous jamais parlé ? » a **répliqué** l'inspecteur Cliquot.

Gensac a hésité avant de répondre. Cliquot savait qu'il suffisait d'insister encore un peu, et Gensac dirait bientôt toute la vérité.

« Que se passait-il dans cette maison ? Quel était donc votre rôle ? Nous avons fait une enquête de voisinage avec photos à l'appui.

– Qu'est-ce que vous voulez dire ? », a demandé Gensac, visiblement inquiet.

« Je veux dire que les voisins sont **formels**. Sur les photos que nous leur avons montrées, ils vous ont reconnu, ainsi qu'ELY. Et d'après eux, la maison d'ELY était un lieu de rencontre pour des personnes… disons… peu **recommandables**, a continué Cliquot.

– D'après nos informations, vos hôtes faisaient partie du cercle des artistes. Mais vous receviez aussi des personnalités politiques ou du monde des affaires… Sans parler d'autres personnes…

– Comment ça ? a voulu savoir Gensac.

– Eh bien, selon nos informations, c'est vous qui organisiez la venue de proxénètes, de prostituées et même de dealers. Tout ce beau monde participait aux soirées chez ELY », a précisé Van der Linden.

« Croyez-moi, nous ne faisions rien de criminel. Il s'agissait juste de soirées coquines entre amis. Rien de plus. Nous voulions juste nous amuser… Cela ne fait pas de nous des meurtriers ! a répondu Gensac, qui retrouvait son aplomb.

– Certes, a reconnu Van der Linden. Chacun fait ce qui lui plaît. Mais expliquez-nous plutôt pourquoi vous ne nous aviez jamais parlé de Richard Masson ? »

En entendant ce nom, le visage de Gensac est devenu écarlate. Il luttait visiblement pour ne pas perdre la maîtrise de lui-même. Et c'est avec un grand soulagement qu'il a entendu quelqu'un frapper à la porte de la salle d'audition. C'était l'inspecteur Olivier Verbraken. Il a passé sa tête dans l'embrasure de la porte, et le commissaire Van der Linden a alors immédiatement quitté la salle sans un mot.

venue *f*	Ankunft
proxénète *m*	Zuhälter
soirées *f* coquines	Vergnügungsabende
retrouver son aplomb	sein Gleichgewicht wiederfinden
écarlate	scharlachrot
lutter	kämpfen
embrasure *f*	Öffnung
provenir de	kommen von
être dû à qn pour	jmd. zustehen für
drôle d'oiseau *m*	komischer Vogel

Verbraken était venu faire rapidement un rapport à son supérieur :

« Chef, nous avons réussi à arrêter Richard Masson. Il s'était introduit dans la maison d'ELY pour y retirer de l'argent et de la drogue. Nous avons trouvé plus de 50 000 euros dans le sac qu'il portait.
– Et il vous a dit d'où provenait cet argent ? a voulu savoir Van der Linden.
– Non, Masson n'a rien dit. Il a juste expliqué que cet argent lui était dû pour un service rendu…
– Un service rendu ? a répété Van der Linden.
– Oui, c'est ce qu'il a dit. L'inspecteur Geelhand est encore en train de l'interroger. On continue l'interrogatoire, le drôle d'oiseau en dira peut-être plus.
– Et prévenez les collègues de la police scientifique ! Il y a sûrement des empreintes sur les billets. Il me faut les résultats le plus vite possible.
– Oui, chef ! », a répondu Verbraken.

Exercice 55 : Vrai ou faux ? Welche Aussagen sind korrekt? Kreuzen Sie an!

1. Gensac est seul dans la salle d'audition et ne sait pas que Van der Linden et Cliquot l'observent. ❐
2. Au début de l'enquête, Gensac a parlé des soirées chez ELY. ❐
3. Aux soirées d'ELY, seuls les artistes étaient invités. ❐
4. Richard Masson a été arrêté par la police. ❐

Avant de revenir dans la salle d'audition où se trouvaient toujours Cliquot et Gensac, le commissaire Van der Linden s'est servi du téléphone interne pour informer l'inspecteur des derniers événements :

« Inspecteur Cliquot, vous savez tout maintenant… Et Gensac a parlé de Richard Masson pendant mon absence ?

– Toujours rien », a répondu brièvement Cliquot qui observait Gensac **du coin de l'œil**. L'agent d'ELY se taisait et n'arrêtait pas d'essuyer la sueur sur son front. Le pauvre homme était visiblement très nerveux.

du coin de l'œil	aus dem Augenwinkel
presser	drängen
délivrance *f*	Lieferung
à la fois	gleichzeitig
se rendre compte	bemerken

« Bon, je vous rejoins tout de suite. On va maintenant jouer le tout pour le tout. Il faut **presser** Gensac et lui tirer les vers du nez car il nous manque toujours les derniers éléments », a annoncé Van der Linden.

Cliquot a raccroché le téléphone sans un mot. Le contenu de la brève conversation téléphonique restait un mystère pour Gensac. Il était essentiel de le laisser dans le doute. Mais l'inspecteur avait parfaitement compris la stratégie de son collègue belge. Les deux policiers soupçonnaient un lien entre Gensac et Masson. Mais ils n'avaient encore aucune preuve. Van der Linden avait donc décidé de bluffer pour faire avouer Gensac. La partie entre les policiers et leur suspect allait être serrée.

« Monsieur Gensac, vous refusez de coopérer. Mais votre complice Richard Masson a été plus coopératif et nous a tout avoué, a commencé Van der Linden après être revenu dans la salle d'audition.

– Quoi ?! Qu'est-ce que vous racontez ? s'est écrié Gensac, qui ne s'attendait pas à cette offensive et était soudain pris de pa-

nique. Je n'ai pas de complice. Moi, je n'ai jamais voulu tuer ELY, a-t-il continué en perdant toute prudence.
– Vous confirmez donc que vous aviez commandité le meurtre d'ELY ? a demandé Cliquot.
– Je vous dis que non ! J'avais juste dit à Masson de faire peur à ELY, de l'effrayer…
– Mais pourquoi vouliez-vous donc faire peur à ELY ? Vous étiez pourtant son fidèle agent. Vous aviez accompagné ELY pendant toute sa carrière. Pourquoi lui vouloir du mal ?
– Eh bien, justement ! »
Gensac était maintenant prêt à tout raconter. Ses aveux étaient comme une délivrance. Les deux policiers l'ont alors laissé parler sans l'interrompre :

Exercice 56 : Traduction. Übersetzen Sie die folgenden Ausdrücke ins Deutsche!

1. jouer le tout pour le tout ____________________
2. tirer les vers du nez à qn ____________________
3. être pris de panique ____________________
4. commanditer un meurtre ____________________

« J'ai consacré toute ma vie à la carrière d'ELY. Nous formions une équipe formidable. J'étais à la fois son agent, son confident et… même son compagnon. Mais cela a été très bref. Notre relation n'a pas marché. Nous nous en sommes rendu compte très vite… Mais notre rupture n'a heureusement pas cassé notre collaboration… Les œuvres d'ELY avaient de plus en plus de succès. ELY était devenu un artiste riche et célèbre. Et il a voulu me faire profiter de cette richesse. Je devais hériter[i] d'une partie de sa fortune, comme par exemple de la maison à Uccle…

– Mais ELY a changé d'avis ? C'est bien ça ? a demandé Cliquot.

– Eh bien… Avec l'âge, ELY a changé… Il est devenu sentimental, je dirais même nostalgique. Il n'a jamais été un père de famille idéal. Quand sa femme est morte, il a envoyé Estelle, sa fille, dans un internat. Il n'avait pas la fibre paternelle, il n'avait pas envie de s'occuper d'une enfant. C'était un artiste, il voulait se consacrer à sa carrière… Et puis, je ne sais pas… Il y a quelques semaines, ELY m'a confié qu'il voulait renouer le contact avec sa fille. Je crois qu'elle lui manquait tout à coup. Il envisageait même de changer les termes de son testament pour qu'Estelle hérite de toute sa fortune.

avoir *irr* la fibre paternelle	ein guter Vater sein
renouer	wieder aufnehmen
imbécile	Depp
aveux	Geständnis

– Alors vous avez voulu empêcher cela en faisant tuer ELY par Richard Masson ? Vous n'avez pas hésité à engager le compagnon d'ELY pour plus de 50 000 euros » a précisé Van der Linden, qui se servait des informations fournies par son collègue pour conduire Gensac à la faute.

Gensac semblait perdu dans ses pensées. Les évènements de de ces derniers jours lui revenaient en tête. L'agressivité du commissaire lui faisait peu à peu comprendre son propre rôle dans le drame qui a touché ELY. Gensac avait perdu depuis longtemps la maîtrise du cours des choses…

Typische Fehler vermeiden:
„Erben" heißt im Französischen *hériter de* ! Man sagt also *J'ai hérité d'une maison* aber „Ich habe ein Haus geerbt".

Exercice 57 : Les verbes. **Lesen Sie weiter und unterstreichen Sie die richtige Variante!**

« Je **1.** l'ai déjà dit / le disais déjà. Je **2.** voulais / voudrais simplement que Masson fasse peur à ELY. Mais cet imbécile n'a rien **3.** trouver / trouvé de mieux que de renverser ELY avec son énorme moto, et de le tuer... Je suis sûr qu'il **4.** profitait / a profité de l'occasion pour régler ses comptes personnels avec ELY.
- Comment ça ? **5.** demandait / a demandé Van der Linden avec étonnement.
- Richard Masson a longtemps été le modèle préféré d'ELY. Et plus particulièrement pour un cycle de performances et d'installations vidéo. Ce cycle **6.** était / a été intitulé « C'est toi, mon étoile » et... »

À ces mots, Van der Linden et Cliquot n'ont pu s'empêcher d'échanger un regard qui n'a pas échappé à Gensac :
« Vous connaissez ce cycle d'ELY ? a-t-il demandé.
– Non, non, nous ne connaissons pas ce cycle. Mais continuez... Vous disiez que Richard Masson et ELY ont travaillé ensemble ? a répondu Cliquot, qui voulait orienter les **aveux** de Gensac.
– Oui, c'est cela. Et puis, ils ont longtemps formé un couple. Malheureusement, ELY a voulu rompre. Je crois que Masson l'a très mal pris. Il n'a pas accepté cette rupture. À mon avis, il a tué ELY pour se venger, a conclu précipitemment Gensac.
– Mais cela n'enlève rien au fait que c'est vous qui aviez eu l'ini-

tiative de l'agression contre ELY. Et vos empreintes digitales sur les billets de banque que Richard Masson transportaient sont une preuve indéniable contre vous », a expliqué froidement Van der Linden, qui continuait à bluffer.

Exercice 58 : Mots croisés. Finden Sie die Übersetzungen der folgenden Begriffe im obigen Abschnitt und lösen Sie das Kreuzworträtsel!

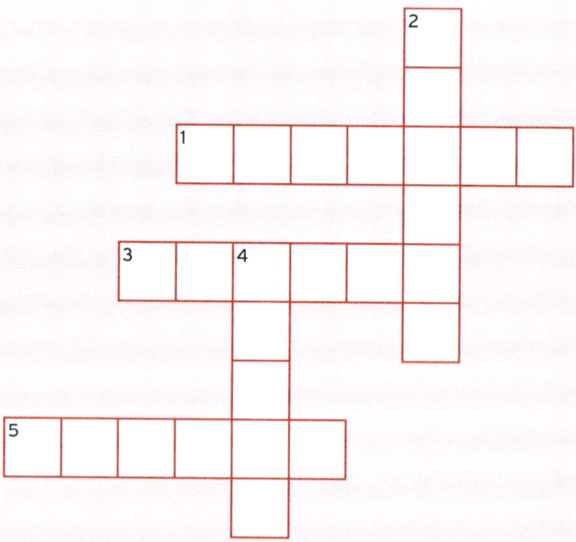

Waagerecht:

1. einstellen

3. Zukunft

5. Zentrum

Senkrecht:

2. Blick

4. zwischen

Les deux policiers surveillaient discrètement l'effet de cette affirmation sur le visage de Gensac. C'était le **coup de grâce**. L'agent d'ELY semblait **abattu**. Il ne s'attendait visiblement pas à ce que le commissaire soit si bien informé, et il ne pouvait plus nier l'évidence : sa culpabilité venait d'être **établie** définitivement… Même si la police scientifique a eu besoin de quelques heures supplémentaires pour confirmer les empreintes digitales de Christophe Gensac sur les billets de banque.

indéniable	unleugbar
bluffer	bluffen
coup *m* de grâce	Gnadenstoß
abattre	*hier*: niederschmettern
établir	herstellen

Après cette affaire couronnée de succès, Cliquot avait enfin l'impression d'être réellement en congé à Bruxelles. Van der Linden avait accepté de lui servir de guide touristique et de lui faire profiter de la ville

« On pourrait d'abord aller manger un morceau ? a proposé Cliquot.

– Oh ! Inspecteur Cliquot ! Je sais que vous aimez les arts de la table, mais après l'affaire ELY, nous pourrions aller à une exposition d'art contemporain ! Qu'en pensez-vous ?

– Alors on pourrait aller voir la rétrospective consacrée à ELY ?

– Au Centre d'art contemporain ? » a demandé Van der Linden avec hésitation.

Il ne s'attendait pas à l'intérêt soudain de son collègue pour l'art.

« Eh oui ! Cette fois-ci, je suis même très bien préparé, a dit Cliquot fièrement.

– Comment ça ? s'est étonné Van der Linden.

– Eh bien, hier soir, après l'audition de Gensac, j'ai jeté un coup

d'œil dans le gros catalogue que vous m'aviez donné.
– Le catalogue avec les œuvres d'ELY ?
– Exactement ! Et ce catalogue confirme la déposition de Gensac, a continué Cliquot. Richard Masson a été la fameuse « étoile » d'ELY. Dès le début, la clé de l'enquête était dans ce gros pavé. Et ELY a tout de suite reconnu son meurtrier.
– Vous avez raison, Inspecteur. Cela nous a échappé. Mais la prochaine fois, nous ne négligerons plus le catalogue de l'artiste, et notre enquête ira certainement plus vite, a répondu Van der Linden.
– Ah ! Je ne sais pas s'il y aura une prochaine fois. Mon séjour à Bruxelles se termine déjà demain. Il faut que je rentre à Paris.
– Eh bien, dépêchons-nous ! Après le centre d'art contemporain, nous irons déjeuner ensemble. À Bruxelles, il y a d'aussi bons restaurants qu'à Paris.
– Allons-y ! Je ne demande qu'à en profiter.»

Test final

Solutions

Glossaire

Liste des exercices

Test final

Exercice 1 : Démêlez les mots. Bringen Sie die Buchstaben in die richtige Reihenfolge!

1. rayutnb ______________________
2. iiiutedmls ______________________
3. nvrtaoue ______________________
4. acocrdre ______________________

Exercice 2 : Trouvez l'intrus. Unterstreichen Sie das nicht in die Reihe passende Wort bzw. den nicht passenden Ausdruck!

1. fêter accueillir inquiéter inviter
2. le portable l'ordinateur l'écran la moto
3. la maison le domicile l'appartement le mur
4. la renommée la perquisition la célébrité la réputation

Exercice 3 : Qui a fait quoi ? Verbinden Sie die Satzteile, die zusammengehören!

1. Estelle Tellier
   a) ❒ a reçu l'héritage d'ELY.
   b) ❒ a refusé l'héritage d'ELY.
   c) ❒ partage l'héritage d'ELY avec Christophe Gensac.

2. Oriane de Combes
   a) ❒ a travaillé comme modèle pour ELY.
   b) ❒ a refusé les virements d'ELY.
   c) ❒ a présenté les œuvres d'ELY dans sa galerie.

3. François Carrère
   a) ❒ a envoyé des lettres de menace à ELY.
   b) ❒ a menacé ELY avec sa moto.
   c) ❒ a renversé ELY avec sa moto.

4. Christophe Gensac
   a) ❒ a reçu l'héritage d'ELY.
   b) ❒ était sûr de recevoir l'héritage d'ELY.
   c) ❒ n'a rien reçu de l'héritage d'ELY.

5. Christophe Gensac
   a) ❒ voulait que Richard Masson tue ELY.
   b) ❒ voulait que Richard Masson effraie ELY.
   c) ❒ voulait que Richard Masson vole 50 000 euros à ELY.

Exercice 4 : Traduction. Übersetzen Sie und enträtseln Sie das Lösungswort!

1. zeitgenössisch ☐ _ _ _ _ _ _
2. bitter _ _ _ ☐
3. stumm _ _ _ ☐
4. Opfer _ ☐ _ _ _ _ _
5. Überraschung _ _ _ _ _ _ ☐ _
6. Strafe _ _ _ _ ☐ _ _ _
7. Hocker _ _ _ _ _ _ ☐ _

Lösung ☐☐☐☐☐☐☐

Exercice 5 : Indicatif présent ou subjonctif présent ? **Setzen Sie die richtige Verbform ein und bilden Sie korrekte Sätze!**

Cliquot est surpris qu'un artiste **1.** être ____________ la victime d'un accident à Bruxelles. Il ne s'imagine pas qu'un artiste comme ELY **2.** pouvoir ____________ avoir beaucoup d'admirateurs. Il faut que Cliquot **3.** aller ____________ dans la capitale belge pour en savoir plus. L'inspecteur est sûr que les polices française et belge **4.** coopérer ____________ pour découvrir la vérité.

Cliquot et Van der Linden vont alors enquêter ensemble pour que l'on **5.** faire ______________ toute la lumière sur la mort d'ELY.

Exercice 6 : Mots cachés. In diesem Gitternetz sind sieben Begriffe versteckt, die etwas mit der Krimigeschichte zu tun haben. Finden Sie sie?

A	T	E	L	N	I	B	R	E	P
T	Y	S	L	E	B	R	I	R	S
A	R	T	E	N	T	U	B	M	N
T	L	E	S	Q	N	X	E	E	M
O	G	L	L	U	M	E	P	U	O
M	S	L	R	Ê	U	L	L	R	T
I	E	E	F	T	S	L	I	T	A
U	U	I	L	E	E	E	E	R	R
M	U	A	R	T	I	S	T	E	D

Exercice 7 : La conjugaison. Konjugieren Sie die Verben in der angegebenen Person und Zeit!

1. peindre (2e personne, singulier, indicatif présent)

____

2. mourir (3e personne, singulier, indicatif imparfait

____

3. savoir (2e personne, pluriel, subjonctif présent)

____

4. enquêter (1e personne, pluriel, subjonctif présent)

____

Exercice 8 : Corrigez. **Finden Sie die Fehler in den folgenden Sätzen !**

1. Un email venait d'arrivé.

____

2. Les enquêtes des inspecteurs serons bientot terminés.

____

3. Toutes les invités ont arrivé en retard.

____

4. Si les inspecteurs n'auraient pas travaillés ensembles, le cas n'avait jamais été résolu.

____

____

Exercice 9 : Traduction. **Übersetzen Sie die gesuchten Begriffe !**

1. Estelle était la seule Erbin ______________.

2. Ils sont besoin des indices pour vorantreiben ______________ les choses.

3. Nathalie est une assistante erfahren ______________.

4. Vous connaissez son Strafregister ______________ ?

5. Estelle semble verbittert ______________ et enttäuscht ______________.

6. Cliquot a observé Gensac aus dem Augenwinkel ______________.

Exercice 10 : Combinez. Verbinden Sie die zusammengehörenden Elemente!

1. tenir	a) l'enquête
2. rouler	b) à disposition
3. terminer	c) le portable
4. passer	d) sa langue
5. mettre	e) à toute allure
6. éteindre	f) au peigne fin

Exercice 11 : Discours indirect. Setzen Sie die folgenden Sätze in die indirekte Rede!

1. Nathalie : « Quel est leur point commun ? »

   Nathalie s'est demandée ______________

   ____

2. Inspecteur Van der Linden : «Cliquot, vous avez trouvé quelque chose ? »

   ____

   ____

3. Oriane de Combes: « Je ne suis pas obligée de répondre à cette question ! »

4. Gensac : « Alors, je vais encore devoir rester à Bruxelles ? »

Exercice 12 : Spirale des mots. **Übersetzen Sie die Begriffe und fügen sie in die Wortspirale ein!**

1	2	3	4	5	6	7
22	23	24	25	26	27	8
21	36	37	38	39	28	9
20	35	42	41	40	29	10
19	34	33	32	31	30	11
18	17	16	15	14	13	12

1-7: verschlechtern
7-19: empfehlenswert
19-27: verzaubern
27-33: Zusammenhang
33-35: Haufen
35-42: vorschlagen

Solutions

Exercice 1 : **1.** centième **2.** trente et unième **3.** soixantième **4.** quatre-vingt-neuvième **5.** soixante-septième **6.** trois cent vingt-neuvième

Exercice 2 : **1.** l'inquiétude *(f)* **2.** la distinction **3.** la vente **4.** l'art *(m)* **5.** le calme **6.** l'élégance *(f)* **7.** le passage **8.** l'arrivé *(f)*

Exercice 3 : **1.** faux (Le restaurant était déjà rempli de monde.) **2.** vrai **3.** faux (ELY a invité des amis à sa fête d'anniversaire dans le restaurant de l'Atomium.) **4.** vrai **5.** vrai **6.** vrai **7.** faux (ELY a très bien dormi dans sa chambre d'hôtel.) **8.** faux (Il est 20 h passées.)

Exercice 4 : **1.** Les invités attendaient ELY. **2.** ELY devait arriver à huit heures à l'Atomium. **3.** Farid connaissait ELY. **4.** Farid et ELY ne faisaient pas attention à la moto. **5.** La moto se trouvait devant l'Atomium. **6.** L'absence d'ELY se prolongeait. **7.** Le chauffeur ne voyait pas qui était son passager. **8.** Personne ne remarquait la moto qui arrivait.

Exercice 5 : **1.** commencer à **2.** réunir qc **3.** s'évanouir **4.** interroger qn **5.** se rappeler **6.** permettre

: 1.connaissait **2.** disait **3.** voulait **4.** avait **5.** intéressaient **6.** avait

Exercice 7 : **1.** e **2.** d **3.** f **4.** c **5.** a **6.** b

Erxercice 8 : **Horizontalement : 1.** spécial **2.** étrange **3.** content **4.** important **5.** nécessaire **6.** curieux **7.** nerveux **8.** brutal **9.** triste **10.** malheureux

Verticalement : 7. méfiant **8.** excité **9.** sûr **10.** gêné

M	E	B	S	P	É	C	I	A	L
É	X	C	É	T	R	A	N	G	E
F	C	O	N	T	E	N	T	Ê	B
I	I	M	P	O	R	T	A	N	T
A	T	V	M	L	L	I	Y	É	Z
N	É	C	E	S	S	A	I	R	E
T	C	R	O	B	Û	M	N	È	V
Q	E	W	C	U	R	I	E	U	X
I	B	N	E	R	V	E	U	X	T
N	O	R	S	I	P	L	U	T	R
A	B	R	U	T	A	L	S	I	S
M	O	R	J	E	U	X	E	N	I
E	L	L	E	T	R	I	S	T	E
M	A	L	H	E	U	R	E	U	X

Exercice 9 : **1.** f **2.** g **3.** b **4.** e **5.** a **6.** h **7.** d **8.** c

Exercice 10 : Quand elle est descendue de son taxi, deux hommes attendaient devant l'entrée principale de l'Institut médico-légal. L'un d'eux était sûrement le policier qui l'avait contactée :
« Je m'appelle Estelle Tellier. Commissaire Van der Linden ? » a demandé Estelle Tellier sans hésitation.
- Non, je suis l'Inspecteur Cliquot, de la brigade criminelle de Paris. Voici mon collègue belge, Van der Linden.
- Bonjour, Mademoiselle Tellier, a continué Van der Linden. Merci d'être venu si vite à Bruxelles. Nous sommes vraiment désolés pour votre père...
- Merci. Où est le corps que je dois identifier ? » a répondu Estelle Tellier de manière si décidée que le petit groupe est directement entré dans l'Institut, sans autre forme de cérémonie.

Exercice 11 : **1.** b. **2.** d **3.** a **4.** c

Exercice 12 : **1.** Die Luft in der Cafeteria ist nicht frisch. **2.** Estelle Tellier wirkt ruhig. **3.** Die Kinder spielen im Freien. **4.** Es zieht.

Exercice 13 : **1.** d **2.** c **3.** b **4.** a

Exercice 14 :

	4 S				5 P			6 G
	U				A			E
	1 R	E	L	A	T	I	O	N
	P				I			S
2 A	R	T			E			
	I				N			
	S		3 A	C	C	O	R	D
	E				E			

Exercice 15 : 1. collègues 2. recherche 3. œuvres 4. dans 5. énorme 6. exclamé 7. productif 8. créé 9. originales 10. marmonné 11. heures

Exercice 16 : 1. tourisme 2. plaisir 3. exprès 4. fauteuil 5. vidéo 6. art 7. installation 8. tabou

Exercice 17 :

1 A	2 R	3 T	4 I	5 S	6 T	7 E
22 T	23 A	24 B	25 L	26 E	27 A	8 S
21 N	36 N	37 T	38 E	39 M	28 U	9 T
20 E	35 E	42 N	41 I	40 O	29 N	10 O
19 M	34 M	33 E	32 U	31 Q	30 I	11 M
18 E	17 S	16 S	15 I	14 R	13 C	12 A

Exercice 18 : **1.** rendrais **2.** faudra **3.** pu **4.** eu **5.** répondera **6.** suivé

Exercice 19 : **1.** curieuse **2.** domicile **3.** indifférente **4.** séparées **5.** spacieux **6.** lumineux **7.** immense **8.** murs **9.** tailles **10.** outils

Exercice 20 : **1.** faux (ELY avait sûrement fait appel à des décorateurs professionnels.) **2.** vrai **3.** faux (L'appartement était vraiment bien rangé.) **4.** vrai

Exercice 21 : **1.** b **2.** a **3.** c **4.** a

Exercice 22 : **1.** b **2.** d **3.** a **4.** c

Exercice 23 : **1.** était **2.** prenait **3.** avait donné **4.** avait eu **5.** avait **6.** était **7.** jouait **8.** fallait **9.** semblait **10.** avaient provoqué **11.** se cachait **12.** allait

Exercice 24 : **1.** anonymes **2.** renommée **3.** revenus **4.** virements

Exercice 25 : **1.** Nathalie veut étudier les comptes d'Oriane de Combes. **2.** Oriane de Combes n'a pas profité toute seule de l'argent d'ELY. **3.** Paul-Étienne Darcy recevait de l'argent d'Oriane de Combes **4.** Cliquot n'avoue pas qu'il n'avait encore jamais entendu le nom de Paul-Étienne Darcy.

Exercice 26 : **1.** aller à **2.** avoir hâte **3.** devenir riche **4.** étaler

Exercice 27 : **1.** a **2.** b **3.** b **4.** b

Exercice 28 : **1.** prête **2.** musée **3.** grâce **4.** privilège **5.** à côté **6.** exaspérée **7.** s'il vous plaît **8.** empêcher **9.** dévoiler **10.** désagrément

Exercice 29 : **1.** élégamment **2.** entrer **3.** visiteur **4.** avant **5.** messieurs **6.** arrivant **7.** compris **8.** pourriez

Exercice 30 :

E	N	L	V	K	I	C	H	E	M
M	O	U	L	E	S	O	B	R	I
Y	S	F	A	P	R	P	O	N	T
U	T	N	I	F	R	I	T	E	S
F	A	I	M	R	U	E	I	J	K
O	L	D	É	J	E	U	N	E	R
M	U	O	Q	U	E	X	H	R	Y
M	O	E	L	L	E	U	X	E	P
O	C	A	F	É	T	E	R	I	A
T	C	R	A	M	I	Q	U	E	I
E	N	T	R	E	M	E	T	S	N

Horizontalement : **1.** moules **2.** frites **3.** faim **4.** déjeuner **5.** moelleux **6.** caféteria **7.** cram-ique **8.** entremets
Verticalement : **9.** copieux **11.** pain

Exercice 31 : **1.** disparition **2.** artiste **3.** mentir **4.** preuve **5.** concurrent **6.** pot-de-vin **7.** avouer **8.** perte

Exercice 32 : **1.** un nouveau directeur **2.** un bel artiste **3.** un vieux gardien **4.** lui-même **5.** un homme fier

Exercice 33 : **1.** gardienne **2.** fière **3.** soirées **4.** organisait

Exercice 34 : **1.** a **2.** b **3.** c **4.** b

Exercice 35 : **1.** e **2.** f **3.** d **4.** c **5.** b **6.** a

Exercice 36 : **1.** Elle lit le journal en buvant une tasse de thé. **2.** Van der Linden parle en écrivant un texto. **3.** Cliquot travaille souvent en mangeant. **4.** Il est allé à Bruxelles en croyant qu'il y avait un rapport entre les deux morts.

Exercice 37 : **1.** avoisinant **2.** le canapé **3.** la salle **4.** se trouver

Exercice 38 : **1.** chambre **2.** dressing **3.** tailles **4.** concerne **5.** partenaire **6.** gardé

Exercice 39 : **1.** Van der Linden ne boit qu'un café le matin.
2. Il ne travaille qu'à Bruxelles.
3. L'interrogatoire n'a duré qu'une demi-heure. **4.** En ville, il ne roule qu'en taxi.

Exercice 40 : **1.** passée **2.** vues **3.** prononcés **4.** interrogé

Exercice 41 : **1.** réalité **2.** déçu **3.** précises **4.** tension **5.** mystérieuse **6.** interroger

Exercice 42 : **1.** faux (Cliquot assistait à l'entretien.) **2.** vrai **3.** faux (Farid a rêvé qu'ELY voulait lui parler.) **4.** vrai **5.** vrai **6.** faux (Il avait espéré des informations plus claires et précises.)

Exercice 43 : **1.** Cliquot ne rentre ni aujourd'hui ni demain à Paris. **2.** Il n'aime ni l'art classique ni l'art contemporain. **3.** Ils n'ont bu ni thé ni café. **4.** Van der Linden n'a lu ni le rapport ni le catalogue.

Exercice 44 :

E	P	S	A	N	S	O	L	M	I
M	H	U	I	L	E	T	B	R	N
Y	O	F	A	P	R	V	O	N	S
U	T	M	M	O	L	E	T	E	T
T	O	I	L	E	U	R	I	J	A
O	L	D	É	J	E	N	N	E	L
V	I	D	É	O	E	I	H	R	L
N	I	T	E	X	U	S	X	E	A
O	C	A	F	É	T	S	R	I	T
T	T	A	B	L	E	A	U	E	I
B	R	Q	L	S	A	G	T	S	O
A	R	T	I	S	T	E	T	S	N

Exercice 45 : **1.** b **2.** c **3.** e **4.** a **5.** d

Exercice 46 : **1.** conseil **2.** renfort **3.** membre **4.** banlieue **5.** rapport

Lösung: cœur

Exercice 47 :

1 É	2 T	3 O	4 I	5 L	6 E	7 N
22 S	23 T	24 E	25 X	26 A	27 S	8 G
21 I	36 H	37 E	38 R	39 O	28 P	9 I
20 P	35 C	42 E	41 T	40 U	29 E	10 N
19 A	34 U	33 L	32 P	31 É	30 R	11 O
18 R	17 D	16 R	15 A	14 T	13 O	12 M

Exercice 48 : **1.** apparemment **2.** discrètement **3.** visiblement **4.** normalement **5.** juste

Exercice 49 : **1.** Après avoir sonné, Nathalie n'a rien entendu. **2.** Après être allée dans la cuisine, elle a ouvert la fenêtre. **3.** Après avoir mangé, Jean est parti travailler. **4.** Après être montée dans sa chambre, elle a regardé la télé.

Exercice 50 : **1.** d **2.** a **3.** c **4.** b

Exercice 51 :

B	I	R	R	V	E	L	U	M
O	R	O	B	E	T	H	S	O
G	A	N	T	S	F	A	R	Y
U	P	A	N	T	A	L	O	N
B	O	T	T	E	S	N	O	M
T	A	C	H	E	M	I	S	E
C	R	A	V	A	T	E	R	J
I	A	Z	T	R	E	W	Q	L
L	Q	E	C	U	N	Z	O	U

Horizontalement : **1.** robe **2.** gants **3.** pantalon **4.** bottes **5.** chemise **6.** cravate
Verticalement : **7.** veste

Exercice 52 : **1.** ambiguïté **2.** cylindrique **3.** haineuse **4.** sauveur **5.** pourri

Exercice 53 : **1.** faire **2.** être **3.** devoir **4.** falloir **5.** aller

Exercice 54 : **1.** sueur **2.** chaise **3.** miroir **4.** mur **5.** image **6.** costume

Exercice 55 : **1.** vrai **2.** faux (Gensac n'en a jamais parlé.)
3. faux (Il y avait aussi des personnalités politiques, des hommes d'affaire, des proxénètes, des prostituées et même des dealers.)
4. vrai

Exercice 56 : **1.** alles aufs Spiel setzen **2.** jmd. etwas/die Wahrheit aus der Nase ziehen **3.** in Panik geraten **4.** einen Mord in Auftrag geben

Exercice 57 : **1.** l'ai déjà dit **2.** voulais **3.** trouvé **4.** a profité **5.** a demandé **6.** était

Exercice 58 :

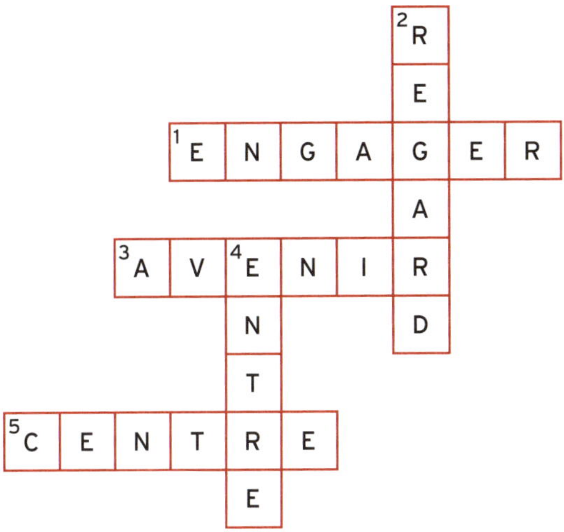

Test final

Exercice 1 : **1.** bruyant **2.** similitude **3.** novateur **4.** accorder

Exercice 2 : **1.** inquiéter **2.** la moto **3.** le mur **4.** la perquisition

Exercice 3 : **1.** a **2.** c **3.** a **4.** c **5.** b

Exercice 4 : **1.** actuel **2.** amer **3.** muet **4.** victime **5.** surprise **6.** punition **7.** tabouret

Lösung : artiste

Exercice 5 : **1.** soit **2.** puisse **3.** aille **4.** coopèrent **5.** fasse

Exercice 6 :

A	T	E	L	N	I	B	R	E	P
T	Y	S	L	E	B	R	I	R	S
A	R	T	E	N	T	U	B	M	N
T	L	E	S	Q	N	X	E	E	M
O	G	L	L	U	M	E	P	U	O
M	S	L	R	Ê	U	L	L	R	T
I	E	E	F	T	S	L	I	T	A
U	U	I	L	E	E	E	E	R	R
M	U	A	R	T	I	S	T	E	D

Exercice 7 : **1.** tu peins **2.** il/elle/on mourait **3.** vous sachiez **4.** nous enquêtions

Exercice 8 : **1.** Un e-mail venait d'arriver. **2.** Les enquêtes des inspecteurs seront bientôt terminées.
3. Tous les invités sont arrivés en retard.
4. Si les inspecteurs n'avaient pas travaillé ensemble, le cas n'aurait jamais été résolu.

Exercice 9 : **1.** héritière **2.** avancer **3.** expérimentée
4. casier judiciaire **5.** amère, décue **6.** du coin de l'œil

Exercice 10 : **1.** d **2.** e **3.** a **4.** f **5.** b **6.** c

Exercice 11 : **1.** Nathalie s'est demandée quel était leur point commun. **2.** Van der Linden a demandé à Cliquot s'il avait trouvé quelque chose.
3. Oriane de Combes a dit qu'elle n'était pas obligé de répondre à cette question. **4.** Gensac a demandé s'il devait encore rester à Bruxelles.

Exercice 12 :

1 E	2 M	3 P	4 I	5 R	6 E	7 R
22 H	23 A	24 N	25 T	26 E	27 R	8 E
21 C	36 U	37 G	38 G	39 É	28 A	9 C
20 N	35 S	42 R	41 E	40 R	29 P	10 O
19 E	34 A	33 T	32 R	31 O	30 P	11 M
18 L	17 B	16 A	15 D	14 N	13 A	12 M

Glossaire

ϟ = umgangssprachlich
f = feminin
m = maskulin
pl = Plural
irr = unregelmäßiges Verb

à la fois	gleichzeitig
à proximité de	in der Nähe von
à toute allure	mit voller Geschwindigkeit
abattre	*hier*: niederschmettern
accomplir	abschließen
accorder	gewähren
accrocher	aufhängen
s'accroupir	sich hinkauern, in die Hocke gehen
accueillant	einladend
achever	abschließen, vollenden
adjacent	benachbart
affectueux	liebevoll
affronter qn	jmd. gegenübertreten
agaçer	nerven, ärgern
s'agir *irr* de faire qc	darum gehen, etw. zu tun
aligner	aneinanderreihen
aller de pair avec qc	mit etw. einhergehen

aller *irr* de pair avec qc	mit etw. zusammen gehören
s'allier avec qn	*hier*: sich mit etw. verbinden
ambiguïté *f*	Doppeldeutigkeit
s'aménager	sich einrichten
amène	liebenswürdig
amère	*hier*: verbittert
amplificateur *m*	Verstärker
amuse-gueule *m*	Knabberzeug, Appetithäppchen
antichambre *f*	Vorzimmer
anticipée	vorgezogen
apothéose *f*	Höhepunkt, Krönung
appât *m* du gain	Habgier
approfondir *irr*	vertiefen
aseptisé	keimfrei, steril
assumer	*hier*: auf sich nehmen
atroce	furchtbar, schrecklich
attendrie	gerührt
au sommet	auf dem Höhepunkt
audition *f*	Verhör
augmenter	ansteigen, sich erhöhen
avaler	herunterschlucken
avancer	vorankommen
avec hâte	eilig
avec malice	schelmisch
aveux	Geständnis
avoir *irr* hâte de	es kaum erwarten können, etw. zu tun
avoir *irr* la fibre paternelle	ein guter Vater sein
avoir *irr* la nausée	an Übelkeit leiden
avoir *irr* un creux dans l'estomac	ein Loch im Bauch haben, Kohldampf haben

baies *f pl* vitrée	Glasfront
bénéficiaire	Empfänger
bluffer	bluffen
bonnes mœurs *f pl*	gute Sitten
brigade *f* criminelle	Kriminalpolizei
brigade *m* financière	Finanzamt
briser le silence	die Stille unterbrechen
briser les tabous	Tabus brechen
bruxellois	Brüsseler
bruyant	laut, lärmend
ça ne traîne pas	es geht ruck zuck
Ça rapporte !	Das macht sich bezahlt! Das bringt was ein!
cachette *f*	Versteck
canapé *m* d'angle	Ecksofa
carrelé	gefliest
casier *m* judiciaire	Strafregister
cependant	allerdings, jedoch
Cesser	aufhören
champ *m* de bataille	Schlachtfeld
chauffard	Verkehrssünder
circonstance *f*	Umstand
classeur	Ordner
clavier *m*	Tastatur
co-équipier	*hier*: Kollege
combine *f*	Masche, Trick
comptoir	Theke
conciliant	entgegenkommend, vermittelnd
confondre qc avec qc	etw. mit etw. verwechseln
consacrer	widmen
consensuel	unumstritten
constater	feststellen

contrarié	gegensätzlich
contribuer à	beitragen zu
conviction *f*	Überzeugung
convoquer qn	jmd. bestellen, kommen lassen
copieux	reichhaltig
coup *m* de grâce	Gnadenstoß
coup	*hier*: Trick
courir *irr* un risque	ein Risiko eingehen
couronné de	gekrönt von
craintif	ängstlich
craquement *m*	Knacken
crissement *m* de pneu	Reifenquietschen
cuir *m*	Leder
cylindrique	zylindrisch
d'ici demain	(von jetzt) bis morgen
d'une minute à l'autre	unmittelbar
débauche	*hier*: Unzucht
décédé	verstorben
déclencher	auslösen
déclic *m*	Klicken, Klickgeräusch
dédain *m*	Geringschätzung, Verachtung
défendre	verteidigen
dégoût	Missfallen
délivrance *f*	Lieferung
démence *f* sénile	Altersdemenz
se déplacer	sich fortbewegen
déposition *f*	Zeugenaussage
déposition *f*	Zeugenaussage
dépravé	pervertiert, verdorben
désagrément *m*	Unannehmlichkeit
désigner qn	jmd. bestimmen
détracteur *m*	Gegner

dévoiler	enthüllen
distraitement	geistesabwesend
divaguer	spinnen, Unsinn reden
drap *m*	Tuch
drôle d'oiseau *m*	komischer Vogel
du beau monde	feine Gesellschaft
du coin de l'œil	aus dem Augenwinkel
eau de Javel	Chlorbleiche
écarlate	scharlachrot
éclairer	aufklären, erhellen
s'écouler	ablaufen
effectuer	tätigen
éloge *f*	Lob
élogieux	lobend
embrasure *f*	Öffnung
embrouiller	vernebeln, verdunkeln
s'emparer de qc	etw. an sich reißen
empêcher qn de faire qc	jmd. davon abhalten, etw. zu tun
empirer	sich verschlechtern
s'enchaîner	sich aneinanderreihen
en désordre	unordentlich
s'en prendre à qn	jmd. angreifen
en sueurs	schweißgebadet
enchaîner avec qc	*hier*: mit etw. fortfahren, weitermachen
enchanter	verzaubern
encombrer	überladen, zustellen
engin *m*	Fahrzeug
ennuyeux	unangenehm
s'enrichir *irr*	sich bereichern
s'enthousiasmer	sich begeistern
s'entraider	sich gegenseitig helfen

épargner qc à qn	jmd. etw. ersparen
éphémère	vergänglich, flüchtig
éplucher	*hier*: unter die Lupe nehmen
escabeau *m*	Trittleiter
escalier *m* en colimaçon	Wendeltreppe
escorte *f*	Begleitschutz
s'esquisser	sich abzeichnen
essuyé	abwischen
établir	herstellen
étaler	verbreiten
éteindre	ausschalten
éternité *f*	Ewigkeit
être *irr* dû à qn pour	jmd. zustehen für
être *irr* absorbé dans qc	in etw. vertieft sein
être *irr* absorbé par qc	völlig beansprucht; konzentriert sein auf etw.
être *irr* accro à qc	süchtig nach etw. sein
être *irr* cloué au lit	krank ans Bett gefesselt sein
être *irr* cloué	gefesselt/gebunden sein
être *irr* domicilié à	seinen Wohnsitz haben in
être *irr* en bons termes avec ses pairs	ein gutes Verhältnis zu seinesgleichen haben
ϟ être *irr* là-dessus	dran sein (an einer Sache)
étroit	beschränkt
évoquer qc	etw. ergeben
exaspéré	aufgebracht, genervt
exercer	ausüben
faciliter	vereinfachen
faire *irr* appel à qn	jmd. beauftragen
faire *irr* dans la dentelle	nicht zimperlich sein
faire *irr* durer le suspense	die Spannung in die Länge ziehen
faire *irr* la une	auf Seite eins stehen

faire *irr* le point	Bilanz ziehen
faire *irr* mouche	sitzen, ins Schwarze treffen
faire *irr* office de	dienen als
faire *irr* un angle	um die Ecke gehen
faire *irr* une déposition	eine Aussage machen
fautif	*hier*: schuldig
fermement	fest
feuilleter	durchblättern
fichier *m*	Akte
fidèle associé *m*	Getreue
filer	*hier*: rasen
forcément	zwangsläufig
formel	eindeutig
Foutez le camp !	Ziehen Sie Leine!
froncer les sourcils	die Augenbrauen hochziehen
garer	parken
griffonner	kritzeln
grimper	klettern
gyrophare *m*	Scheinwerfer
hagard	verängstigt, verstört
haineux	hasserfüllt
héritière *f*	Erbin
homicide	Mord
homologue *m*	Gegenstück, Pendant
honte *f*	Scham
imbécile	Depp
immatriculation *f*	Zulassung
immédiat	unmittelbar
imperméable *m*	Regenmantel
impliquer	bedeuten, auf etw. hinweisen
incohérent	unzusammenhängend
indéniable	unleugbar

s'indigner	sich empören
indispensable	unerlässlich
influent	einflussreich
injure	Beleidigung
insinuer	andeuten
insouciance *f*	Sorglosigkeit
inspecteur *m* en faction	wachehabender Inspektor
Institut *m* médico-légal	gerichtsmedizinisches Institut
interloqué	fassungslos
intervenir	eingreifen
intimider qn	jmd. einschüchtern
intrus *m*	Eindringling
intrusion *f*	Eindringen
inutile	unnütz
joindre	erreichen
jouer franc-jeu	mit offenen Karten spielen
ϟ kiffer qc	auf etw. abfahren
largesse *f*	Zuwendung
lettre *f* d'insulte	beleidigende Briefe
limiter qc à	etw. beschränken auf
loquace	gesprächig
lutter	kämpfen
maîtresse *f*	Geliebte
majeure	volljährig
majorité *f*	Volljährigkeit
malicieusement	schelmisch
maniaque *m* de l'ordre	Ordnungsfanatiker
maugréer	schimpfen
médecin *m* légiste	Gerichtsmediziner
méfiant	misstrauisch
menotter	in Handschellen legen
mépriser	verachten

mettre *irr* qc à disposition	zur Verfügung stellen
se mettre *irr* sur son trente et un	sich in Schale werfen
microémetteur *m*	Mikrosender
miroir *m* sans tain	ohne Spiegelbelag, Spionspiegel
se moquer de qn	sich über jmd. lustig machen
motard *m*	Motorradfahrer
moules-frites *f pl*	Miesmuscheln mit Pommes frites
muni de qc	ausgestattet mit etw.
murmurer	murmeln
ne pas échapper à qn	jmd. nicht entgehen
ne pas être *irr* au bout de ses surprises	längst nicht alles erfahren/ entdeckt haben
ne pas tarder à faire qc	bald etw. tun
ne plus savoir *irr* où donner de la tête	nicht mehr wissen, wo einem der Kopf steht
négocier	verhandeln
net	glatt, klar, eindeutig
novateur	innovativ, neuartig
parmi ses pairs	unter seinesgleichen
Pas la peine de…	Es lohnt sich nicht zu …
passer au peigne fin	durchkämmen
passer inaperçu	unbemerkt bleiben
pavé *m*	*hier*: Wälzer, Schinken
pénétrer	eintreten
perceptible	wahrnehmbar
péripétie *f*	Peripetie, Wendung
perler	perlen
perquisition *f*	Durchsuchung
petit noir *m*	kleiner schwarzer Kaffee,

	Espresso
piste	Spur
plaque *f* minéralogique	Kfz-Kennzeichen
point *m* commun	Gemeinsamkeit
portable *m*	*hier*: Handy
porte *f* coulissante	Schiebetür
porter des fruits	Früchte tragen
pourparler *m*	Verhandlung
pourri	verdorben
pourvu de	versehen mit
précéder	vorhergehen
précipitation *f*	Eile
se précipiter vers	eilen zu, eilig zugehen auf
prendre *irr* congé de qn	sich von jmd. verabschieden
prendre *irr* en filature	jmd. beschatten
prendre *irr* son courage à deux mains	sein Herz in die Hand nehmen
prendre *irr* qn au sérieux	jmd. ernstnehmen
prendre *irr* une nouvelle tournure	eine neue Wendung nehmen
presser	drängen
prestigieux	*hier*: glanzvoll
primordiale	wichtig, wesentlich
(se) prolonger	(sich) verlängern
prononcé	ausgesprochen
propos *m pl*	Worte, Äußerungen
propreté *f* clinique	klinische Sauberkeit
provenir de	kommen von
proxénète *m*	Zuhälter
pudeur *f*	Scham
punition *f* divine	göttliche Strafe
ramener à	*hier*: zurückführen zu
rapport *m*	*hier*: Zusammenhang

raturé	*hier*: durchgestrichen
réclamer	*hier*: zurückfordern
recommandable	empfehlenswert
rectifier	richtigstellen
se réjouir *irr*	sich freuen
relancer	*hier*: bedrängen
renchérir	auftrumpfen
se rendre *irr* à	sich begeben nach/zu
se rendre *irr* compte	bemerken
renforcer	verstärken
renfort *m*	Verstärkung
renommée *f*	Ansehen, Ruf
renoncer à qc	etw. ausschlagen
renouer	wieder aufnehmen
renverser	*hier*: überfahren
répliquer	erwidern
reprocher qn	jmd. beschuldigen, jmd. Vorwürfe machen
réputé	bekannt, berühmt
rester maître/maîtresse de soi	Herr seiner selbst bleiben
retrouver son aplomb	sein Gleichgewicht wiederfinden
révélation *f*	Aufdeckung
revenu *m*	Einkommen
révolu	längst vergangen
rougir	erröten, rot werden
royalement	*hier*: völlig
sale	*hier*: übel, fies
salle *f* d'eau	Waschraum
sceptique	skeptisch
sclérose *f* en plaques	multiple Sklerose

sèchement	trocken
service *m* des immatriculations	Zulassungsstelle
similitude *f*	Ähnlichkeit
société *f* de consommation	Konsumgesellschaft
soie *f*	Seide
soirées *f* coquines	Vergnügungsabende
solennellement	feierlich
souffler	wehen
soupçonner qn	jmd. verdächtigen
sous l'emprise de qc	unter dem Einfluss von etw. stehen
sous-entendu *m*	Anspielung
spacieux	geräumig, riesig
succomber à	erliegen
suggérer *irr*	vorschlagen
superficiel	oberflächlich
superstition *f*	Aberglaube
superviser	überwachen, überprüfen
supplémentaire	zusätzlich
survoler	überfliegen
système *m* de pots-de-vin	Schmiergeldaffäre
tabouret *m*	Hocker
taper	tippen
tarder	*hier*: sich verspäten, auf sich warten lassen
tas *m*	Haufen
tendre *irr* l'oreille	die Ohren spitzen
tenir *irr* qn au courant	jmd. auf dem Laufenden halten
tenir *irr* sa langue	den Mund halten
tenir *irr*	*hier*: gelten
tension *f*	Spannung
tournure *f*	Wendung

toussoter	hüsteln
tout exprès	extra
tout se voit, tout se sait	nichts bleibt geheim
trahir	verraten
traîner	liegen
traiteur *m*	Catering Service
traumatisme *m* crânien	Schädeltrauma
trier	sortieren
trouver son compte	auf seine Kosten kommen
user	*hier*: abnutzen
vacarme *m*	Lärm
vaguement	andeutungsweise, ungefähr
vaste	weit
veille *f*	Vorabend
venue *f*	Ankunft
vexé	gekränkt
vice *f*	Untugend, Laster
virement *m*	Überweisung
virulent	bissig, scharf
visiblement	sichtlich
vital	lebenswichtig
voire	sogar
voiture *f* banalisée	ziviles Polizeiauto
vouloir *irr* en avoir le cœur net de qc	wissen wollen, woran man ist
voyant *m*	*hier*: Kontrolllämpchen
vraisemblablement	wahrscheinlich
vraisemblance *f*	Wahrscheinlichkeit

Liste des exercices

Final Test

SILVER compact LINE

SilverLine für Schule, Studium und Beruf

29 Reihen | 14 Sprachen | 220 Titel

SilverLine Lernbox • **SilverLine** Sprachkurs einfach & aktiv • **SilverLine** Die Grammatik
SilverLine Wörterbücher • **SilverLine** Kochen auf ... • **SilverLine** Typische Fehler •
SilverLine Landeskunde • **SilverLine** ... leicht gemacht • **SilverLine** Business English Trainer
SilverLine Bildwörterbuch • **SilverLine** Kurzgrammatik • **SilverLine** Express • **SilverLine** Sprachrätsel
SilverLine Grundwortschatz in Bildern • **SilverLine** Die 2000 wichtigsten Wörter
SilverLine Sofort sprechen • **SilverLine** Sprachführer für die Reise • **SilverLine** Update

compact

Compact Verlag GmbH
Baierbrunner Str. 27 · 81379 München · Tel. 089/74 51 61-0 · Fax 089/75 60 95
www. compactverlag.de · www.lernkrimi.de